启真馆 出品

我与科学共舞

曾志朗 著

ZHEJIANG UNIVERSITY PRESS
浙江大学出版社

目录

自序   i

Part 1 添想象之翼　科学的疆界，只在你的想象力

未知死，焉知生?   3

似曾相识   8

节能减碳，向鸟学习   15

新人性枷锁：手机族的"数—音—字"效应 21

看不看? 记不记? 数字时代的策略适应 28

清淡无味，长寿之道   34

Part 2 点好奇的睛　科学就是我好奇，故我在

鱼视眈眈，谁是老大?   41

旋转女舞者，Psych-You-Out! 46

奶水里的饮食文化   53

谜样的双眼 vs. 神秘的笑容   59

姿势决定论：艾菲尔铁塔有多高? 65

腹中藏秘：夜行蝙蝠的吸能大法 71

Part 3 破今古之格　站在历史的肩膀上，科学人看
        得更远

左晃右摇，舞动生命的规律   79

黑酒成黑金，也是出非洲记   85

时空分离现文明   92

威尼斯人的祖先   98

共享意图，教人为人   105

Part 4 取他山的巧 三心两意、广撷善缘才是科学王道

棒棒挥空，出局！   115

姓啥名谁，大有干系？   121

M 的启示   127

热，火大，别惹我！   133

心里有"数"的时间相对论   139

Part 5 开心思之窍 破解谜中谜：心／脑科学不思议

知足常乐一念间   147

买或不买，那就是脑的问题所在！   153

陌生的一、二、三、四、五……   159

人鼠之间   167

短期记忆的长期效应   173

真情或假意？天不知，地不知，脑知！   179

自序
未来科学的挑战：希望、威胁和心灵的自由

　　到达伦敦机场是九月一日下午七点十分，虽然已到了黄昏时刻，又是入秋的季节，但机场外，阳光仍然高照（北半球的高纬度），路面热气腾腾，完全不符合我对欧洲地区秋高气爽的期待。汗滴下脸颊的时候，我坐上了一辆出租车，车子里没有冷气，司机不疾不徐地说："节能减碳！同心协力，大家一起来帮忙对抗全球变暖（Help us to help fighting the global warming）！"看他一脸严肃的样子，不像是开玩笑，我正要请他打开冷气，这会儿不得不把话吞下去，摸摸鼻子开了窗。吹进来的气流虽然热热的，但总是风，应该可以吹干我满头满脸的汗珠吧！其实我满感动，这个国家的人民，真的把永续发展的理念落实在生活中。

　　一个小时后，车子来到白金汉郡（Buckinghamshire）郊外的一座大庄园。庄园坐落在树林和广大的麦田中间，两三座古老的红砖建筑物围绕着清澈的小湖边。再望过去，一大片的绿色草地上，有好几个整修得干净利落、生机蓬勃的花园，红、黄、白相间的花朵传来阵阵的花香，真是令人陶醉。我下车走到一栋飘着

英国国旗的五层楼高的建筑前，拾级而上。大门忽然开了，两位年轻的小姐走出来，对着我说："曾教授，欢迎你来到皇家学院的卡孚力皇家协会国际中心（Kavli Royal Society International Centre）！"

我放了行李，换上轻便的服装，就下楼去吃晚餐，认识其他学者。寒暄一阵之后，非正式地聊起对这次会议的看法。他们都是各个领域中的资深学者，都在自己的研究上有非凡的成就，但都非常关心这次会议的主题——"在数字时代的未来科学：寻找新的科研指标"。因为大家都有共识，即数字时代的科学研究，在数据处理的方法上，在样本的数量上，和网上审核的机制上，以及电子出版的形式上，都会有巨大的变化。这些变化当然会影响数据收集与分析的精细度和准确度，但更重要的是，它们会扩大数位落差所引起的知识落差和生命落差。

这些在晚餐中引发的对话与讨论，即使到了回房休息时仍萦绕我脑海，我也不断在思考大会指派给我的报告主题。当天晚上睡不着，索性就起床，把原先准备好的演讲大纲整合这些餐桌上的闲聊，整理出一套较深入的论述，变成我这次会议要发表的论文的主要内容了，标题就定为"数位时代的知识落差：希望、威胁和心灵的自由"。

什么是知识落差呢？在知识经济的现代社会里，知识落差指的是有能力去搜寻、管理以及处理信息与知识的人，和没有能力（或机会）去做这些事的人所产生的生活条件的差异。由于科技专业知识在现代的社会系统中，越来越占主导的地位，能有效提升和扩散这些知识的社会，就有改善人民生活的机会；无法提供有效科技教育的社会，就会被边缘化。因此，在数字时代，培养贫穷国家的儿童参与创造科学知识的能力（capacity building），是科学的普世原则中最主要的精神！

其实，培养贫穷地区的儿童和成人建立数字操作的能力，意义不仅仅是在提高知识增进的机会，更重要的是透过网络上的社群联结，极权国家的人民也能有机会去体会全球性的心灵活动，也比较有可能去突破强权压制的恐惧，感受在朵朵云中享受呼吸自由空气的乐趣。当心灵的解放，促发了争取自由的行动，则其结果就是阿拉伯之春的震撼。数字化的潜力，不但让知识成长，更带来心灵自由的希望！

但是，希望在网络，随之而至的威胁也同样来自网络。极权政府很容易，而助纣为虐的邪恶企业体更是明目张胆贩卖监控软件，帮忙极权政府以更严厉的手段去对付、争取在网络上的网友！

新的时代有新的科技，新的科技确能带来新的希望，但随之而来的威胁则变成新的挑战。网络有破洞，当然要想办法"补破网"，但它的解决办法，绝对不是传统的技术，而是要靠全球网络使用者的集体智慧，以游击战的方式到处"翻墙"，才能随破随补！

以上是我在英国皇家学院所举办的会议中的演讲内容，一共用了40张投影片去说明我的观点。演讲后的回应很好，有位学者的评语是"thought-provoking"（发人省思），另一位则很赞美的说"soul-searching"（直探灵魂）。我很高兴有这些赞扬之词，但我真正想表达的是：人类的文明进展，显现在使用工具的改变上。发明、创制工具，以解决生活困境的历程，塑造了人类异于禽兽的心智能力，突破了生物界的自然限制，延长生命的长度。这种心智能力产生了科学的思维，更导致科技的进展。这是一种很特殊的智慧，能拥有和应用它，才能活得健康，活得丰富，才会有增进永续生命的可能。所以让所有的人，从生活的各个面向中，体验和养成科学思维的方法和态度，是必要的。

科学是让人类走出黑暗的一条明径，也许是唯一的途径。

这是我持续写科普文章的主要原因。

2012 年 9 月 11 日于伦敦

Part 1 添想象之翼

科学的疆界，只在你的想象力

未知死，焉知生？

看似简单却有趣的统计，指出了以机件磨损论人类死亡的事实，但机件用久了本来就会坏掉，而很多老当益壮的例子又该如何解释呢？

我在朋友父亲的告别式中，打死了两只蚊子。

问候友人，走出礼堂，哀思之余，低头见，掌中的血痕依稀，仿佛蚊子的死亡印记。生死瞬间，忽然想到一只普通的蚊子在实验室中养大，由生至死的平均生命期大约是三个月左右，但在野外的蚊子平均生命期大概就只有一个月（我隔壁办公室的陈正成教授正好是研究蚊子的专家。我怕蚊子，经常找他灭蚊），而这两只蚊子的意外死亡是由外在人祸所造成的灾难，它们的寿命与科学家计算的平均生命期应该分开来看，这是为什么生物学家在计算生物生命期时，只考虑自然死亡，才能正确推测生命体的死亡原因。能了解生命体真正死亡的原因，才有机会去探讨延长寿命的可能性，"未知死，焉知生"确实是有道理的！

也许是丧礼以及缅怀故人的悲情仍笼罩着我的心思，那天下午我静静地在计算机屏幕前，打开搜索引擎，徘徊在网络上各个和死亡讨论有关的小站，想要知道人类死亡到底是怎么一回事？我查到考古人类学家利用出土的人类骨头以及他们牙齿磨损的程度，推断出智人（Homo sapiens）的平均寿命大概是 25 岁，虽然这个估算是基于有限的数据及概括式的推测，但从各式各类的证据上，这个 25 岁的限制一直没有被打破。自从人类有了文字的记载，和墓碑上较清楚的记录，科学家才可以较准确的推估人类平均寿命大概是在 1000 年前发生了大跃进，而且持续向上提升到现代仍是进行式。

外界环境的安全与卫生条件不一，会造成不同社会之间的寿命落差。根据美国社会安全局的统计预测，到 2050 年，美国男人的平均寿命将是 77 岁而女人则为 83 岁，中国台湾地区和日本的统计预测都差不多，但联合国的统计则指出在 136 个会员国中，有 27 个国家的人民平均寿命仍低于 50 岁（《2006 年世界卫生报告》）。也由于这些落差的形态，使科学家得以建构死亡的理论。

当我们把这千年来的统计数字做了系统整理之后，一个令人意想不到的结果浮现出来：1000 年前，要能活到老，靠的是婴儿的存活率，也就是说只要活过婴儿期，则长大至老一点的人的几率就有保证了；到了 100 年前，只要活过 5 岁，则过 60 岁的生日就可以被期待了。近几十年情况又变了，在发展中国家（尤其是非洲），公共卫生的提升及较佳的传染病控制，使婴儿、儿童的死亡率降低，但战争及 HIV 疫情的扩散，又夺去了许多儿童的生命，以至于平均寿命延长不了；发达国家则不然，出生率降低，婴儿及儿童受到更多的保护，存活率就较高，超过六七十岁的人的比例也增加了，而强健的儿童期提升了进入青壮年期的几率，老人本身的生命力也增强了，表示老人不再是儿童、青壮年的"残存"而已，而是真的"活"得更有生命力！

其实，这些看似简单却非常有趣的统计，指出一个意义深远的事实，即人类的活力由盛而衰而老而亡的过程，和汽车的驱动力由新车启动期到全盛期到磨损到报废，有非常相似的死亡率曲线，依使用年龄而呈现出由水平到逐渐以几何级数升高然后到了高龄又稍下降的趋势，这说明人类活力和汽车驱动力的老化衰竭过程，颇有异曲同工之妙。

这里就出现了一个相当有趣的类比情况。例如人们出生地不同，会有不同程度的夭折率，所以在中国看到 75 岁的老人几率比在新几内亚高得多了，但是假如一个中国人和一个新几内亚人都活到 75 岁，那么这两个人可以活到 90 岁的几率就没有什么差别。汽车也是一样，不同厂牌的新车折损率有的高有的低，但如果两部不同厂牌的车都已经开过五年而不坏，则这两部车可以一直开到十年之后的几率也几乎是相等的。看来在笛卡儿的二元论中，把人体的肌能动作比拟为机械运作的看法，实在是太有道理了，也真有实证的统计证据可以支持。

以机件磨损论死亡，只说明了部分的规律，即机件用久了就会坏掉，但很多老当益壮的例子又要如何解释呢？当然，车子的机件坏了，或部件与部件之间的联系出了问题，造成运作系统的失败，都可找一位技术良好的修车技师来修护，延长使用的时间；人体也是一样，某器官出了问题或某一系统有了毛病，也可以找良医来拯救。但人体最妙的地方就是有自我监控及治疗的机制，会利用冗余设置（redundant device）或重组方式（reorganization）去维护整个系统的正常运作。近来的研究发现，人体的基因组就有超过 100 个以上的基因负责侦测及修补 DNA 的损伤。但修补的功能也是有限的，修补需要的原料本身也会随年纪而逐渐减少，所以靠维修当然可以延长寿命，但该走的时候到了，就必须要走。死亡，仍是目前的最后选项。

除了机件磨损、折旧、修护之外，影响寿命的非机件因素还有生物的生殖系统及其运作方式。生物演化的结果，使生物体在生殖期的前几年，选择性的压制了发生急病的基因，以利于顺利完成生殖的历程，达到基因传承的目的；但生殖期一过，压制也就取消了，生病的几率也增加了，这就是为什么人类总是在四五十岁之后就开始忧虑可能罹患心脏病或癌症！有一个果蝇的实验发现，延迟交配的果蝇都活得比较久，支持了上述演化论的观点。早期的法国宫廷里，常有为了保持童声而去势的男性歌唱家，根据研究统计，他们的平均寿命确实比一般人长；还有，中国历史上长命百岁的太监比比皆是，也间接支持了上述的看法。

那我们可能会长生不死吗？看来是不乐观。但一千年来，粗粗算来也才50个世代，人类的平均寿命由25岁提升到将近90岁，而那位见过梵谷的大寿星珍妮·卡尔蒙（Jeanne Calment）女士，在1997年过世时是122岁，是目前记录中全世界最长寿的女性。再过50个世代，"人生三百才开始"的期待，不知会不会实现？

对死亡，科学研究已见端倪，但有许许多多的未知仍待解密。不过，有一件事我是知道的，那就是那两只在我乱掌下送命的蚊子是不可能会像我一样被"死亡"的问题烦得要死！我一个下午被死亡的问题困住，隔壁陈正成教授笑嘻嘻的说，这叫"自作虐，不可活"！

似曾相识

　　科学家已经渐渐能打开 déjà vu 之谜了。关键在于对事物的熟悉度和事物本身的记忆是可以被分离的，而我们的大脑就必须编一套故事去解释为什么对好像没经历过的事物会那么熟悉。

　　最近学生送给我一片 DVD，英文片名叫 Déjà Vu，讲的是类似在时间机器中扭转时空的科幻故事，中文片名点出了时空，却和一般的了解不一样，使我想起了个人发生 déjà vu 的一段经历。

　　十年前我到芝加哥开会，也是四月底的时候，正是我"花粉热"的过敏症表现得最"淋漓尽致"的时节，打喷嚏、流鼻水、频频咳嗽、眼睛发痒，我知道春天到了。芝加哥大学里的树刚从严冬苏醒过来，叶盛枝茂，万花齐放，而我边擤着鼻子，边从校方为我安排的宾馆疾步走向心理系，准备做一场有关左、右脑功能的演讲。记得那时候我给的题目是"一头两制的沉思：北京人的左右烦'脑'"。我已不太记得当时演讲的情况，因为要强忍鼻塞咳嗽，又要面对眼前一大群我心仪已久的知名大学者，只能全心全力把我实验室的研究成果作了详尽的报告。

放完最后一张幻灯片，做了最后结论，引来一次令我好开心的满堂彩。系主任麦尼尔（David McNeil）却忽然站起来，问道："那你认为三十万年前的北京人，是右利者还是左撇子（right handedness or left sinister）呢？"我愣了一下，在脑里快速转了一圈，就回答他："应该是右手吧！因为从甲骨文的'武'字（止、戈）看起来，武器是放在画者的右边的！"虽然我借此把汉字组成做了一番机会教育和推广，但这个问题却一直左右着我这十年来研究选题的走向！

演讲结束后，系上几位老师、研究生、博士后研究员说要带我去品尝一顿具有古老文明的丰盛晚餐，而且还能一面聆听"希腊左巴"的民谣和观赏非常富有风土韵味的群舞。几部车浩浩荡荡开到了芝加哥有名的希腊区。

我们走进一家颇有名气，标榜最道地的希腊菜肴（包括全部由希腊空运过来的羊排）香料餐厅。顺着楼梯走向地下室，两旁光滑的木制扶手指出这里一定是老饕络绎不绝的地方，烟味、酒味迎面飘了上来，远处是舞榭歌台，穿着希腊服装的表演者载歌载舞，右边是一路延伸而去的吧台，天花板上倒挂着大大小小擦得透亮的玻璃酒杯，吧台两边摆放着大型木制酒桶，上面写了好多希腊字母。

我问一旁的研究生，他告诉我那是"家乡的味道在这里"，原来是特制的希腊啤酒。一排排的餐桌上都放着一串橄榄枝，还有一大盘黑白相间的腌制橄榄，和一罐罐不同样子的佐料！

好眼熟的景色！好熟悉的来来往往手端着盘子的侍者！还有那位头戴黑帽（帽穗飘扬），白衣黑裙，胖胖的圆脸、笑口常开的酒保。我看过他们！我好像来过这里？我印象里是有这一幕的！我来过这家餐厅吗？我的天！我确实是没有来过这希腊区呀！

芝加哥是美国非常有特色的沿湖大城，也是所有学会开年会时最喜欢选择的地点，所以我来了好几次，但每次总是来去匆匆，很少能到处去看看，就是有一点空档，也一定跑去湖边的历史博物馆和科学博物馆，仅那里面的一个区域就可以让我流连忘返，耗掉一整天。所以，我很清楚我没有来过希腊区，也绝对没有进来过这间餐厅！

可是眼前的景象，人物和家具的摆设，在我一进门时的第一印象，就带给我非常熟悉的感觉，我和大伙儿一齐围坐在一张很大、看起来很古老的长方形木桌边，周遭的吵杂声，远处的希腊乐音，加上香喷喷的烤羊排里脊，那味道更加强我似曾相识的感觉。我心里越来越狐疑，我的真实（没来过）和我的记忆（曾经来过）有了最明显的分离。我开始感到害怕，我不可能梦游飞到芝加哥，又来到希腊区，又进入这家餐厅！那难道是前世今生的重复吗？我马上去求证，主人说餐厅刚庆祝五十周年，而我当时刚过五十岁，所以这似曾相识的印象是不可能来自前世了。

那这是怎么一回事？我这个"不可能"的似曾相识感来自哪里？只有我这个个案吗？

当然不是，很多人都有这个经验。有一个调查报告说，85%以上的人曾经有过这种和真实脱节的"似曾相识、以前来过、历史重演"的经验，其中有少部分的人会一再经历这个现象，法语中有一个特别的名词来形容这个"怪怪的感觉"，就是 déjà vu。而且，调查结果还指出，儿童要到八或九岁之后，才出现这种到一个地方就感到"似曾来过"，看到某一个陌生人却有"似曾相识"的感觉，表示这种经历的感觉是需要某些程度的认知能力的。此外，年纪越大的人，déjà vu 的情形会越来越少，而很累、很焦虑、有压力的人，déjà vu 的次数却会越来越多！

科学家已经渐渐能打开 déjà vu 之谜了。首先当然要靠记忆研究专家来建立一个研究方式，让我们在实验室里可以创造并重复这个现象，然后才可能去建构理论的解释。1989 年，雅各比（Larry L. Jacoby）和他的学生就做了这么一个实验，得到了这种类似 déjà vu 的结果。他们让受试者学习一系列的字，然后间隔一短暂时间后，给受试者一个记忆测验，也就是当目标字出现时，要他们做看过或没看过的决定。另外，实验做了一个很巧妙的安排，即在每个目标字出现的前一瞬间，屏幕上会闪过一个呈现时间短促到根本无法察觉的刺激物（受试者根本不知道前面有东西出现过）。这个闪过的刺激，可能是一个和目标字完全相同的字、不同的字，或只是一道闪光而已！

结果非常有趣，受试者对目标字的判定，深受前面刺激物的性质所影响。目标字的前面闪过的刺激如果是同样的字，他们就认为这个目标字非常熟悉，一定是看过的字；即使是这个目标字根本不在原先学习的列表中，受试者也会因为前面闪过同样的字（虽然无法察觉），而认定它一定出现在原先的列表中。这个结果实际上就是实验室中所创造出来的 déjà vu 现象。

这样的实验结果指出来，对字的熟悉度和对字本身的记忆是可以被分离的，而分离之后，受试者对熟悉却没有记忆的字，就错误的归因到以前一定见过的感知上了。利用这个实验的方式和对其结果的诠释，另一组研究者更利用催眠的方式，让受催眠者以为某一个没做过的解谜作业会出现在之后的测试中，因而感到熟悉但不知其所以然！结果是当这个谜题出现在清醒时的解谜作业中，受试者果然对要解决的谜题感到非常熟悉，但他们会觉得之所以这么熟悉，一定是以前就做过的谜题。déjà vu 果然可以被创造出来，而关键就在于对字（或所做的事）的熟悉度和记忆被分离了，而我们的大脑就必须编一套故事去解释为什么对好像没经历过的事物会那么熟悉。

无独有偶，我在写这篇文章时，刚出刊的《心理科学》（*Psychological Science*）期刊，登了一篇论文，也在讨论 déjà vu 的解释，作者仿雅各比的实验，但用新奇的、不甚熟悉的和熟悉的符号来取代用字作为目标物（如右图），而且把闪过刺激物的经验间隔了很久一段时间，才做目标物的辨识作业，很清楚重复了雅各比等人

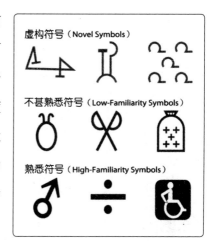

记忆研究者已经渐渐能解开 déjà vu 之谜了。他们让受试者学习一系列包含新奇的、不甚熟悉的、熟悉的符号，间隔一段时间后，再请受试者做记忆测验。当目标物出现时，受试者必须作出看过或没看过的决定。另一方面，研究人员巧妙操作，在每个目标物出现的前一瞬间，让屏幕闪过一个呈现时间短促到受试者根本无从察觉的刺激物，可能和目标物相同、不同或只是一道闪光。结果显示，闪过的刺激如果和目标物相同，受试者就认为这个目标物非常熟悉，一定是看过的符号。图片来源：郭幸惠（重绘自 *Psychological Science*, April 2009）

的 déjà vu 结果。这表示语言不是必要的条件，而时间的差距可以隔得很远，这结果当然把实验室的现象和真实生活的 déjà vu 又更拉近一些了。

我在读这篇论文时，总觉得好像以前读过了，但它才刚出炉，Déjà Vu!

节能减碳，向鸟学习

师法自然，应是生存的法则之一。过去我们太相信"人定胜天"，现在我们应该换个态度："人定敬天"！

我们小的时候，最喜欢的课外活动是到野外去放风筝。老师会带着各班学生，先到山上砍竹子回来劈成细细薄薄的竹条，学生就依照自己想象的造型，组合风筝的基本骨架，再小心翼翼贴上薄而坚韧的"米纸"，然后含住一口水，微微抿起双唇，左右摆晃着头，像洒水器一样把口里的水轻轻喷吐出，让小水滴均匀地洒在米纸上，待米纸干了以后，米纸的表面就变得很平滑且有张力了。在上面写些字、画了图，再粘上小纸条当尾巴，套上细细的绳子，风筝就可以去飞翔了！看着自己手制的风筝随风飞起，一路追逐空中飞翔自如的鸟儿，那种开心真是无与伦比。

但风光只是短暂片刻。没风时，就看风筝软软地垂直落下。绳子断了最是懊恼，不是被风卷上高空，掉在山的另一头，就是挂在树上，身上的纸被刺穿，再也飞不起来。而那些单飞得自由自在的小鸟，时而振翅，时而滑行，忽而升高，忽而降低，穿梭在茂密的树林之间，眼力之好，身翅之妙，煞是好看！我在美国加州每次看见拇指大的蜂鸟，都会想起这段放风筝的好时光，这些特别的鸟会停留在同一地点，除了翅膀一分钟上下振动千次之外，还可以全身静止不动，更妙的是会倒退着飞呢！当然，令人叹为观止的是共飞的群鸟，它们行动一致，同时转弯自如，都在瞬间完成。但放风筝，靠风力；小鸟单飞、群鸟共飞，都要靠翅力；唯有孙悟空的飞行，只要靠想象力！

孙悟空的能耐令人羡慕。翻一个筋斗就飞过十万八千里，没有引擎就能启动，而没有燃料也就不会排放二氧化碳，更不会因燃烧而喷射出环保杀手气体氮氧化物（nitrogen oxides），真是绝对的绿色飞行者，环保的最佳楷模。但那是神话，真正的现实是，任何人造飞行物想在天上飞得快、飞得稳、飞得远和飞得久，无可避免的，就必须燃烧汽油，产生大量的二氧化碳，以及排出很多很多的氮氧化合物，造成大气的污染，这无疑地增加了地球暖化的程度！

高科技的进步，当然会带动新的方案来发展更节能又更减碳的飞行。例如可以研发有效的太阳能电池以减少汽油的燃烧量，可以改善机身机翼的外形。而飞机建材质量的提升与改良，更是各大飞机制造公司研发部门的主要工作之一。

除了硬件的改造，软件的考量也是非常必要的。例如，航线的选择如何配合风向的计算，飞越的领空如何不受政治干扰而能截弯取直；此外，改良飞机场的设计，以减少盘旋待降的飞机数量以及盘旋的次数，等等。这些由管理的改进而产生节能减碳的效力，有时比硬件的改善效果大得多。最有趣和最有成效的例子，居然来自台湾。

说来好玩。三个月前，我在欧盟的研究咨询会议上，和一位比利时大学的教授闲聊。他是一位环保主义者，谈起环保议题就滔滔不绝；说到如何维护地球永续，点子更是源源不断，有些还真是极有创意！他一听到我是台湾来的，就一脸敬佩的神色，先是促狭的双手合掌对我膜拜起来，然后正色说："你们真了不起，每年为地球省下多少飞机的燃料！想想看，为了转运，每趟航行都要增加好几次的起起落落，还得绕道，平白耗费大量而不必要开销的汽油。你们在一念之间改变了政策，不再绕道，不必转运，直航为人类省下了大量汽油，也减少了二氧化碳及氮氧化物的污染。所以呀，我们所有为保护地球永续存在的打拼者，非得向你们致敬不可！"

对这一番话，我是蛮感动的，对欧洲的科学界和文化界人士也不由得肃然起敬！他们衷心保护地球，把永续的理念化为行动，处处都以建立节能减碳的新生活方式为这个世纪的文化指标。大家都期待年底（2009）前将举办的哥本哈根会议，会有为地球降温的协定，并且提出具体的措施，以落实节能减碳的生活规范！

在这样的气氛之下，各行各业都在征求富有创意的绿能思维，以及可以立即化为行动的绿色操作方式，尤其是那些用油量特别大的企业更是卯足全力，要设计出令人耳目一新且立即有效的节能方案。微软公司这两年都以"环保"作为潜能创意杯（Imagine Cup）的竞赛主题，而空客公司（Airbus）更以极高的奖金，征求能为空中飞行节省汽油的方案。其中有一个得奖的方案确实是别出心裁，而其核心概念居然是来自观察鸟的飞行行为！

其实，我们都看过群鸟共飞的队形，如果是小范围的飞行，则群鸟聚在一齐共飞，团上，团下，团右，团左，和鱼缸里群鱼共游的队形相似。但如果是长途飞行，群鸟就会拉开距离，总是一鸟在前，众鸟在后，两边散开，形成人字形的飞行队伍。带头的鸟比较吃力，但空气气流因人字形的流向而产生漩涡式的动力，使随行在后的鸟可以借力使力，轻松向前飞。一段时间后，后面的某只鸟就会去取代领头的鸟，让它退到后方轻松省力地飞行。这样轮流取代领头鸟的位置，使全队平均花费的能量节省了很多。这样的飞行行为，使整群的鸟儿可以飞行千里，秋冬往南飞，春

师法自然，应是人类生存的法则之一。空客公司以高额奖金征求能为空中飞行节省汽油的方案，其中一个得奖方案别出心裁向鸟取经，核心概念来自观察鸟的飞行行为。图片来源：达志影像

夏就北返，来来去去，正是候鸟的写照。

　　一群美国斯坦福大学的研究生，充分利用群鸟长途飞行的原理，向空客公司提出一个节能减碳的客机飞行计划，他们计划让由旧金山、洛杉矶、拉斯维加斯、圣地亚哥等地飞来的飞机，在同一时间飞到犹他州附近聚合，形成团队，每架飞机相距二到五英里，然后以人字形的飞行队形一齐飞往伦敦。他们做了精细的燃料消耗量比对后，发现可以节省 20% 的油量，而且喷出的环保杀手（氮氧化物）也减少了 1/4。这个结果令人惊叹不已，因为在航空界，改进硬件而能省下 1% 的油量，就已经是件可喜可贺的大事了！

　　很有趣吧！千万年演化的结果，自然界充满了奇迹式的问题解决方案，值得我们学习。师法自然，应是生存的法则之一，但科学的进展让人类自以为可以控制复杂的宇宙，往往犯了不自量力的错误。过去我们太相信"人定胜天"，现在我们得换个态度："人定敬天"！

新人性枷锁：手机族的"数—音—字"效应

频繁而广泛使用简讯会不会使手机族对输入信息的数字键产生依赖？数字键上的 ABCD 或 ㄅㄆㄇㄈ 会在脑中自动组合、左右你的认知运作？

5630，5630！

什么意思？

一位朋友从网络上转寄了一篇文章给我，是一名教语文的中学老师以女学生的口吻，写了一篇到海水浴场的游记，文中充满了许多现代小孩的用语，非常生动有趣。尤其从中学女生的眼光与心态所使用的新兴词汇，不但反映了少女活泼细腻的心思，也显示出现代流行生活面向融入多语言环境所产生的语言变化，是非常快速和丰富的。例如到海水浴场去"消毒"，指的是晒太阳，而沙滩上一字排开的人群，有的在"搓麻糬"（交女朋友），有的在"上午夜场"（打 kiss）；有些缺水（没水平）的人，又吃"巧克力"（槟榔）又吃"热狗"（吸烟），还不断"洗胃"（喝饮料），实在"机车"（反应慢），所以那些人应该是"三好加一好"（四好，台语"死好");妈妈管东管西的,有点"茶包"(trouble)和"芝麻"(很烦);文末来个"5630"!

我猜出了这篇文章中许多形象显明的词汇,但对最后的5630却百思不解,特别去请教一个住在隔壁的中学女生。她一听脸红了一下,说是"我在想你",用台语发音。我恍然大悟,问她说:"你们为什么喜欢用数字代表?是某种秘密游戏吗?"她说:"不是啦,是为了手机传讯方便,因为每打一个中文字,就要在数字键上找到ㄅㄆㄇㄈ,像'我在想你'四个字,得按九次键,碰到同音字又得选字,就慢了。所以大家习惯用数字谐音来取代。例如,6868就是'溜吧!溜吧!';1414就是'意思意思';77543是'猜猜我是谁';55646是'我无聊死了'等等,很多啦!网络上还有对照表呢!"

我想起这几年有手机业者举办短信比赛,有些得奖作品如"病危,患相思。等你,老地方"或者"爸,母亲节快乐",非常有创意,文意也隽永,还有个十八岁小女生写了"想我,响我!",言简意赅!我忽然发现我和年轻的一代是有很深的代沟了,他们是网络世代的手机族,生活形态和讲话写信的方式都在变,几乎是人手一机,而且一机在手,信息无所不在,也不分时间地点。

有一次我开车在大学的校园里，看到一个男生骑着摩托车往上爬坡，右手握车把，左手按手机。我上前对他说，边骑车边传短信是很危险的！他一见是老师，很有礼貌地谢谢我，但马上解释说他用手指按键已经自动化了，闭着眼睛都可以正确的按键，反而比边骑车边讲手机更不危险！但我的专业告诉我，简单的"数—音"对应可以自动化，但较复杂的"音—字"对应，在文意有歧异，需要动用到认知决策时，还是会分心的。

这几件事一直困扰着我，让我不停想着一个问题：新的沟通工具如此广泛且频繁地为人使用，会不会使手机族在不知不觉中成了这个新工具的奴隶呢？网络的流通已经使宅男宅女的生活形态越来越流行了，难道频繁而广泛使用短信不会使手机族对输入信息的数字键产生依赖吗？让我把问题更聚焦和具体化一些：习惯用数字去表达意义的手机族，在用手机打含有 5630 这串数字的电话号码时，会不知不觉对接电话的陌生人产生莫名奇妙的亲切感吗？

不管是根据认知学派的激发扩散理论，还是联结学派的"联想—媒介"假设，这个答案都是"会"的，而且使用手机传短信的频率越高，受到的影响就越强。在我动手设计实验以前，先把文献搜寻一遍吧，也许有人也想过这个问题，做了实验，而且已有确切的答案。果不其然，我上网一查，就看到最近的文献上，有一群来自德国乌兹堡大学（Wurzburg University）的科学家已经注意到这个问题了，其中托普林斯基（Sascha Topolinski）教授就针对习惯使用手机发讯的人，是否会受到习惯化的"数字—字母"对应关系而影响认知运作，做了一系列的研究。

实验的结果很有趣，但先让我们把问题的本质和实验的操作程序弄清楚。每个用手机英文输入的人都很清楚，键盘上有 0、1～9 十个数字，除了 1 和 0，每个数字都代表三或四个字母。所以要打 love，就要按 5683；要打 hate，按 4283；要打 taiwan，则按 824926 等等（如下页图）。

在第一个实验里，有 105 个大学生参加。每一位学生都单独受测。作业很简单：受试者根据耳机传来的数字，在手机的数字键上依序按下，有时候只有四个数字，有时五个，最长有九个。这一串长度不等的数字，有时候刚好代表一个英文字（如 5683 是 love，37326 是 dream 等），有时候是随机凑在一起的数字串，并不代表任何英文字。

64 位受试者在一支只有数字而没有字母的手机上（如 25 页图右）听按数字串。每按完一串数字后，在他眼前的计算机屏幕会出现一串字母，他要很快判定那串字母是否构成一个英文字（如看到 salad 就按 1 代表是，看到 sdlaa 就按 0 代表不是）。这个作业称为词汇判定（lexical decision），而判定所需的时间反映了认知历程的难易程度。

另外41位受试者作为控制组，也做同样的作业，但不是在手机上，而是在计算机的数字键盘上，其用意在于计算机的数字键盘并没有输入英文字母的功能。结果很清楚，实验组在词汇判定作业上的速度，

习惯用数字去表达意义的手机族，在用手机打含有5630这串数字的电话号码时，会不知不觉对接电话的陌生人产生莫名奇妙的亲切感吗？
图片来源：许碧纯

深受紧接在前的那一串数字影响。如果数字串刚好对应了屏幕呈现的目标字，如接在5683之后，呈现的目标字是love，那受试者的判定时间比不对应的情况快了将近13毫秒。这个差异达统计上的显著程度。

有趣的是这个差异并没有出现在控制组身上，表示人一拿起手机，就被锁进"数字—字母"对应的联想世界中，而且结果也

显示，使用越频繁，就被锁得越牢。另一方面，在计算机的数字键盘中，人却又可以完全解脱了。

第二个实验更好玩了。实验程序和实验一大致相同，受试者仍然要做听按数字串的工作，但所做的作业不是词汇判定，而是评估那串数字令人感觉愉悦的程度（从 1 代表很不喜欢它，到 10 代表非常喜欢它）。结果是和数字符串对应的字为积极正面（如242623，对应的是 chance，代表机会），那串数字就被评为很令人喜欢；相反的，和数字对应的字母所组成的英文字若是负面的（如 24267，对应到 chaos，代表一团乱），那串数字就评为不受喜欢的。受试者其实并不知道有这些对应关系，因为手机上只有数字没有字母，但他在无意中被激起的字母都自动组合成有意义的词，而那个词义的正负面向就反过来影响受试者对那串数字的喜恶程度了。

第三个实验在类似的实验程序下，把受试者的作业稍作改变，他们先听按一串数字，然后听一家公司的名号，再听这家公司经营的行业。听完之后，受试者要评估喜欢这家公司的程度，也是用十等量表去做区分。结果发现数字串若和公司商品方向一致（如25863 是德文的 blume，意思是花，而公司是花店），则受试者会对这家公司给予较高的喜欢评等。这个现象主要出现在用手机听按数字的受试者，并没有出现在用电脑数字键的控制组评量上。

这三个实验对想要解答的问题，一个扣一个。先在最基础的现象上，建立数字对应字母并激发词汇建构的历程；实验二显示了激发出来的词是带有感情因素的。实验三更进一步告诉我们，这个由数到字母到词到义到情感的历程是可以被应用到实际生活的商业行为。这一系列的实验研究，展示了基础研究带来的科学新知识，再厘清这个新知识的含义，然后把它应用到新的领域上。接下来，当然就是要去开拓更多的应用方向了。

也许，我们可以从这一系列的实验成果中得到启发。人类有无限的潜能去创造新的工具，可以改造生命的条件和生活的方式，而且新的工具确实很方便，但它也带来了新的人性枷锁。手机加网络让你无远弗届，但也让你无所遁形，失去了个人的隐私，尤其上班族的梦魇就是办公室与你同在，变成"无任所"工作者！人的自由意志？算了吧！谁会想到使用手机传讯，那数字键上的ABCD……或ㄅㄆㄇㄈ……会在脑中自动组合，左右你的认知运作呢？

还好，计算机键盘上的实验结果，让我们看到了解脱枷锁的希望。只是要知道如何解放，就要更多的实验研究！科学家也被锁住了吗？

看不看？记不记？数字时代的策略适应

"看什么？往哪里看？"和"要记住什么？在哪里可以搜寻到？"这两个不同功能的运作方式，实有异曲同工之妙……由视觉到记忆，人类演化的规律放之各层面而皆准。

眼睛是用来做什么的？

答案绝对不会是"用来吃冰淇淋的"。毋庸置疑，当然是用来"看"东西的。但为什么要问这么一个显而易"见"的问题呢？原因无他，以科学分析的论证方式去问眼睛"怎么看？"（How）、"看什么？"（What）和"为什么看？"（Why），那么每一个问题的答案都不简单。从眼睛的生理结构，到视神经细胞如何传递信息，到脑神经如何"认识"影像，到为什么美目倩兮会那么引人注视的生物演化论——每一个议题在这数百年来已有成千上万的研究者写出成千上万册的剖析和论述，但至今我们对"看"的理解，仍然是不足的。尤其对"看样学样"的模仿，研究者通常只把眼睛当作登录和传递影像的转接站，却没有注意到眼睛传递的，不是一成不变的成形影像，而是无数光点的集合。

前者是被动的和静态的，后者则是经由主动的选择和动态的计算得来！

　　举例来说，对眼睛看物成像的想法，一般人总是以相机的镜头来比拟，所以镜头关闭和眼睛合上是一样的，阻止了光线进入，相机里什么都没有，眼睛当然也看不到东西。再者，在一个密闭的房间，把灯关掉，相机照不出任何东西，眼睛所见当然也是一片黑暗。光线决定一切，而物件透过镜头反映出倒过来的影像。在达芬奇时代，就有人（有一说是他本人）利用牛的眼睛做实验，看到了透过牛眼所反映在墙壁上的物件影像也是倒过来的。因此，眼睛看物和相机照物的成像原理似乎是相似的。

　　这种被动反映光线而稳定成像的过程，在胶卷时代经常为人所用，拿来说明眼睛成像的原理。但数码相机的成像过程和胶卷的类比成像则是完全不一样的概念，芯片上排列整齐的每一个坐标都是光点接受器，计算出方位和光谱的频率数据，再合成为影像。从早期胶卷时代利用感光药剂的化学变化投射上去的显像，到数码相机以感应、转换、译码、还原而后成像的变化，科学家对"看"的理解就有所不同了，也会由"怎么看？"的新见解去探讨"看什么？"和"为什么看？"的问题了。换句话说，看，是一种主动的选择，也是促进个人和看的对象合而为一的利器。

眼睛不只是影印的工具，在演化的过程上，它们扮演着社会化的重要角色。

为了生存，生物必须学会看到食物，也要学会看到危险，更要学会看到可依赖的事物，然后设法结为一体，以增强自我的能力。这是模仿的最基本功能，而眼睛是使模仿得以成功的重要器官。它们看到被模仿对象的动作、姿态和脸部表情，然后计算完成这些动作、姿态和脸部表情所需的神经运作机能，再由脑神经传递这些信息，指挥各不同机能去做出类似的动作、姿态和脸部表情。这是一种认同和期待被接纳的社会化历程。眼睛所担负的功能，绝对不仅仅是影像登录和传递而已。"夫妻相"其实是眼睛社会化功能的表现，而族群面相和动作的特色，也是因之而生的。

透过眼睛的计算去模仿权威者，是一种讨好的行为表现，那么反过来说，被模仿者看到模仿者学习自己的动作、姿态和脸部表情时，应该是会不由自主产生沾沾自喜的情绪，把模仿者当成自己人的几率就增加了。

为了证实这个看法，一群欧美的研究者合作了一项实验，让受试者在进行文字认知的实验之前，和一位同时也在实验室等待做实验的学生交谈十分钟。这位特别安排的学生，在和其中一半的受试者闲话家常时，有时会故意去模仿受试者的言行动作和姿态，包括说话的语调。交谈十分钟后，学生离开了，受试者就开始文字认知的实验。另一半的受试者同样和这位学生闲聊十分钟，但学生并没有做出任何模仿的动作。

实验结果很清楚：在接下来一个对闲聊对象的喜恶评量中，受试者对模仿者的好评，显然高于没有做出任何模仿动作的交谈对象，证实了被模仿者把模仿者视为共同体的现象。但更有趣的是，如果让受试者在实验之前看一张钞票的画面，引发他对资源保护的意念，那他可能就认定模仿者是别有用心，对模仿者就没有好评了！

这个实验让我们了解一项事实，即看到好处、看到资源、看到权威、看到保护，和看到竞争、看到威胁、看到恶果，都是"眼睛"的责任！所以"怎么看？""看什么？"和"为什么看？"真不是让我们可以一目了然的问题！

生物演化和周遭环境的变化是息息相关的，眼睛看到环境中有新的事物会影响生存，就会寻找可依赖的新对象，接下来的模仿就是试图融入那个新的环境体系，分享其中的资源。当我们把"看"这一个问题提升到这么一个社会化的层次，我们就必须体会到这不仅仅是眼睛的问题，而是整个认知操作的演化过程中一个核心运作方式。

由于社会的组成与进展越来越复杂，与日俱增的信息量早已超出个人或集体的记忆容量。分化专精的知识藏在权威者的手上，想要分享那些知识，就必须依赖权威，而模仿和学习都是必要的靠拢手段。权威在哪里？必须靠眼睛去寻找，是某个人，是某本书，是某篇论文，是某栋建筑，还是某件艺术作品？我们已经学会把记忆寄放在这些可看见（或可听见）的文、物上。《永乐大典》、《四库全书》、《大英百科全书》都是我们把记忆外放的场域，它们象征着"知识"的资源所在，靠拢它们，就是要使自己成为知识社会的一员。

网络世代来临，"Yahoo!"、Google、维基百科，透过指尖，使知识与我们同在。它们变成我们的权威，变成我们必须依赖的对象。事实上，我们必须超越模仿、化成记忆交换的运作体系，成为时空信息的行者。将来要能安逸地在知识社会中游走移动，我们就必须改变知识撷取的方式。也就是说，网络高科技改变了我们的记忆策略，眼睛加指尖的滑行弹跳也修正了我们的求知战术。

最近《科学》杂志的一篇研究报告，充分证实了网络高科技带来的这些认知变化，你我这些经常游走在网络上的人，应该是会同意这些结果的。研究者让受试者看一连串不相干的文句叙述，告知其中有些句子会存在网络上，而另一些句子会被删除；看完这些句子后，会有一些未预期的记忆测试。结果，受试者对那些会被删除的句子记忆特别好，对那些会被储存起来的句子，反而记得不太好。这个记忆的策略和上网时数有相当的关系，越喜欢挂在网上的，这个记忆策略和网上知识的依存关系就越明显。

另外，实验的结果也指出，对于会被储存的句子虽然记得不好，但对它们储存在哪一个档案中却记得非常明确。即，"What"不记得，"Where"却记得很好！知识的撷取显现出两种不同的策略："是什么？"和"在哪里？"。这样的分化我们并不陌生，科学家在视觉神经的通路上早已发现，这两者的处理也是分开的。所以，"看什么？往哪里看？"和"要记住什么？在哪里可以搜寻到所要的信息？"这两个不同功能的运作方式，实在是有异曲同工之妙。

看来，由视觉到记忆，人类演化的规律放之各层面而皆准，这是个重要的结论。要记住这句话，否则就要记得在《科学人》的网站上或《我与科学共舞》这本书上可以找到这句话，那么当然就可以不必费心思去记了！

清淡无味，长寿之道

当脑神经细胞得不到气味输入时，可能的解释是遇到"歹年冬"，身体必须启动延续生命的机制，储存余粮、节能减碳的策略便应运而生。

半年前的某个周末，临时应一位友人之邀，到高雄和一群久未相聚的同学碰面，急急忙忙赶到台北高铁站买票。售票口后方的一位年轻小伙子，看一眼我白中有灰的头发，又上气不接下气，一副喘吁吁的劳累模样，好心地说："你应该可以买老人票了，便宜一半呢！"听到他的话，我忽然呆住了，心中一则以惧（我看起来那么老了吗）一则以喜（可以省钱当然是好事一桩），依言付了钱，拿了票，进入车厢坐下，心中真是百感交集。我的人生就这么走过一大半了吗？

老同学聚在一齐，谈古忆往，肆无忌惮，天南地北，大吹大擂；又互挖疮疤，把当年在学校时的勇事、窘事、糗事，加油添醋地比画描绘。大家笑翻了天，仿佛回到年轻时代。乘着月色，我意气风发地叫车赶到高雄高铁站。我把钱由售票窗口递了进去，嘴里不胜得意地说："到台北。"窗口内的小姐上下打量了我好几眼，说："钱不够，要全票，不然就要看身份证。"我随手掏出来时的票根以示证明，加了一句："看我一头白发就够了！"小姐说："你可能是少年白啦！没有身份证，就得买全票。但是看你活力十足，动作又很利落，不可能那么老！"这些话真是受用，我二话不说，马上补足金额买一张全票。一路感激那位售票小姐，脑海里不停重复她那句："你不可能那么老！"

这件生活上偶发的小事之于我个人，其实是件大事，也让我对长寿和高龄化有了些新的想法，更开始对"延年益寿"的相关科研文献，特别敏感起来了。

首先，长寿和高龄化指的其实是同一件事，但两个概念所引申出的社会和文化含义却不尽相同，甚至还有对立的意含。长寿是一个非常积极正面的意象，对个人而言，代表着"福如东海，寿比南山"的神仙境界，而对整个社会来说，人民的平均寿命若能不停往上提升，正意味其基础建设（如交通、教育、科研、医疗照护和社会安全等）的良善和进步；相反的，高龄化概念，对个人本来是好事，但从社会的整体而言，却因旧有的社会制度对新的生命变化尚未调适过来，遂演变成为一项复杂而沉重的经济负担了。

仔细想想，现在政府所有的基础建设都是建立在 60 岁以后就进入老年期的假设上，而这个假设在很多先进国家显然早已不适用了。60 岁就届龄退休对现代的大多数人（包括劳工）而言是太早了，所以学校里延后退休的情形越来越普遍，而活力十足的六七十岁的人对终身学习的需求也越来越高。更重要的是，由于多年的阅历、处世的智慧和工作经验的加值，他们的工作效率也越来越好。社会如何利用他们延长而质优的青壮年期，去改造旧社会的古老基础建设，才是高龄化的正向思维之道。演过《星球大战》、《奇宝奇兵》等精彩绝伦影片的哈里逊·福特，在 65 岁之际被媒体记者誉为中年人，真的一点都不为过，隔年他再扮大冒险家印第安纳·琼斯，距离他 47 岁演出第一集，已经 19 年了。其实，越来越多的人都像他一样，除了年纪，一点都不老！

上述这些对长寿和高龄化社会的正向思考，让我对有关长寿的科学研究越来越有兴趣，三不五时就会上网查看有没有新的发现，或特别留意期刊上的发表。当然，最近长寿基因的议题很热，我一篇一篇读过去，虽然对那些"可能性很高的长寿基因"得以被标示出来，感到敬意十足，但在兴奋的阅读中，却也感到一丝挫折，因为对这些可能的长寿基因，我不太能实时做些什么去改变我的寿命；倒是另一系列的研究，让我感到可以起而行，为延长自己的生命做些努力。

我会注意到这一系列的研究，当然是我最近对相关议题的敏感，另一个原因是它们发表在相当权威的科学期刊，其学术性是可以被肯定的，最重要的是我被其研究内容的异想天开和结果的违悖常理所吸引。这个研究的出发点在于想要证实动物的嗅觉和其生命老化的过程有关。从常理推论，味觉和觅食有关，所以发现嗅觉完整性和生命延续之间有所关联，应该是很自然的，但美国密西根大学普莱彻（Scott Pletcher）教授的研究团队，却在2007年发现一个奇特的现象，即把果蝇的嗅觉器官去除，使它们完全测不到任何气味，这些果蝇的寿命和嗅觉完好的对照组果蝇相比，竟然增加了40%—50%。

这是怎么一回事？以往的研究中，瑞士的科学家也曾在蛔虫的实验中发现类似的生命期与感官经验的关系，可见普莱彻的研究结果并不偶然，他们在不同的生命体中证实了同样结果。为了进一步了解究竟是哪一种嗅觉和生命期有关，最近（2010年）普莱彻和同事根据其他科学家在果蝇身上找到能闻到二氧化碳的神经元这一发现，把果蝇嗅觉系统里掌管对二氧化碳反应的部分切除，保留其他嗅觉部分的正常运作。结果发现，这一举动对雄性果蝇毫无作用，但却使雌性果蝇的生命延长30%。

这又是怎么回事？为什么是二氧化碳？又为什么只对雌性果蝇有作用？

嗅觉当然可以让动物找到食物，但如果原先的嗅觉失灵了，对动物本身可能是一个危机来临的讯号。当脑神经细胞得不到气味的输入时，可能的解释是遇到"歹年冬"，周遭环境的食物源太稀少了，身体必须启动延续生命的机制，因此储存余粮、节能减碳的功能就出现了。对果蝇来说，二氧化碳和最爱食物酵母相关，是美味当前的讯号，而雌性动物对这个机制的运作特别敏感。根据这个想法，普莱彻的研究团队果然在对二氧化碳气味不再敏感的那群雌性果蝇体内，发现了更多的脂肪，显然它们已经启动预备苟延残存的机制了！

我深思这些实验结果，得到一项很简单的自我修练方法：为了长寿，我以后不应该吃太多，要让自己身体实施节能减碳的策略。其实啊，这些禁食的戒律，社会上很多传统文化都有，但其中最透彻也最深入的作为，当推佛、道两家的修练心法，前者要求吃素不杀生，要不贪、不嗔、不痴、去三毒，而后者讲究清淡无为之道，不都是让身体内部得以节能减碳的方法吗？民间这些延年益寿的秘诀，却能在严谨的实验检验下看到可能的证据，让我深深吸了一口气，大叹：真是妙不可言！

Part 2 点好奇的睛

科学就是我好奇，故我在

鱼视眈眈，谁是老大？

科学家以精巧的实验揭示："我非鱼，能知鱼之思！"
妙哉！

你养过热带鱼吗？很麻烦呢！玻璃缸要洗，缸里的杂草要清，要调光，要注意水的流通、氧气够不够，还要定时喂鱼。不同的鱼要吃不同的饲料，有粉状的，有颗粒的；还不能让它们吃太多，否则它们也会过胖（会吗？还是我的幻想呢）。欤！但是这些麻烦只要习惯了就好，变成例行生活的一部分，也就可以和鱼一样怡然自得；最主要的是一进家门，看到五彩缤纷的鱼儿在玻璃缸里优哉游哉的游过来、晃过去，一副与世无争的禅修者模样，外面俗世的吵闹纷争也跟着烟消云散。所以，我真地很能了解，为什么我那位爱鱼的朋友最近家里的电视机都不见了，而鱼缸却越来越多。

每次大伙儿聚在一起聊天，这位爱鱼的朋友就会大谈鱼经，由最高山上的鱼、沿着山陆间的小溪鱼虾，到树林中的大小湖鱼，然后平地的河鱼、海口聚集的近海鱼，到远洋的大海鱼，历历如绘，而我们就像神游在海洋馆一般，随着"语音"导览，做了一场想象之旅。他对鱼的知识丰富，不同的鱼的婚礼，各种鱼卵的诞生历险记、鱼父母照养鱼子的方式，真是五花八门；而且天地之奇，令人惊叹！大伙对他佩服得不得了！这位业余的鱼科专家，被我们封为科学鱼痴，当之无愧！

一个月前，我半夜打电话给他，告诉他我读到一篇有关非洲慈鲷（Africa Cichlids）的研究报告，非常好玩，其中的内幕一定会让他叹为观止，但时间太晚，我要睡了，答应他第二天一定详细告知。我挂上电话，就优哉地坐在沙发上等，一个小时后，他老兄果然迫不及待就来敲门。我当然是浓黑咖啡一壶伺候，而且为了补偿他的求知热情，把论文的纲要和实验内容都为他整理好了。他进门后的第一句话是："有何鱼鲜事，别再吊胃口，愿闻其详！"

我看这位老朋友，知道他爱鱼心切，就马上言归正传，告诉他美国斯坦福大学一位电机系研究生和他的生物学教授做了一个非常巧妙的实验，证实了非洲慈鲷竟然有递移推论（transitive inference）的逻辑能耐。这个能力是人类幼儿在四到五岁才会展现的能力，是所有推理逻辑最基础的核心能力。它使小孩能够在知道小明比小华高大、小华比小惠高大后，得出小明比小惠更高大的结论。在以往的研究文献中，只有某些鸟类、某些鼠类及大

四到五岁的人类幼儿能在知道小明比小华强壮、小华比小惠强壮后，得出小明比小惠更强壮的结论。非洲慈鲷竟也有类似递移推论的逻辑能力，而且争夺地盘打斗时，柿子挑软的吃！图片来源：iStockphoto/ricardoazoury

部分的猿类、猩猩有这种推论能力，斯坦福大学团队是第一个以令人信服的实验方式展示出鱼类具有这种推理能力的科学团队。

这位鱼痴听得有些目瞪口呆，说："这样说来，我那些悠然自在的鱼，是有思维能力的啰！我常观察它们，知道它们偶尔也会要脾气，但如何证实它们的递移推理能力呢？"

我实时阻止他的无限上纲："思维能力是个很复杂的认知体系，斯坦福大学的科学家并没有展示鱼有那么高级的认知体系，他们的实验只证实了最基本的递移推论能力，但这已经是很了不起的成就了！他们选择非洲慈鲷做研究，因为这种鱼有个特色，两条公鱼为了争夺地盘打斗，斗输的一方，脸上的黑纹会暂时消失，所以两条公鱼放在一处，想办法引起它们的打斗，我们作为旁观者，只要看哪一条鱼脸上的黑纹消失，就知道它斗输了。现在把一条慈鲷放在玻璃缸中，在缸外又放了五个玻璃缸，并各放入一条公慈鲷，让我们称它们为 A、B、C、D、E 慈鲷吧！"

老朋友等不及了，说："好了，中间一条，外面五个缸各一条，又怎么样呢？"我说："别急！中间一条是旁观者，它自在的游来游去，当然看得到外面的鱼。这时候，实验者把 A 和 B 放一起，B 和 C 一起，C 和 D 一起，D 和 E 一起，然后用些技巧，使 A 打赢 B，B 赢 C，C 赢 D，以及 D 赢 E。也就是说 A 和 B 在一起斗，B 的黑面纹消失；B 和 C 斗，C 的黑面纹消失……最后形成 A < B < C < D < E 的局面。这时候，让 A、B、C、D、E 慈鲷各自回到原来的玻璃缸里，然后有趣的问题来了：中间的慈鲷能凭着肉眼的观察而判定那五条鱼的相对社会地位吗？"

老朋友又插嘴了："会吗？会吗？"我说："稍安勿躁！你听我说嘛！实验者等 A、B、C、D、E 慈鲷的黑面纹都恢复原状，然后把 A 缸和 E 缸放在中缸的两旁，那么中缸的慈鲷会去找哪一缸的鱼打斗？你猜对了，它会避开 A 缸而去找 E 缸的慈鲷，完全一副柿子挑软的吃的架势哩！那么 B 鱼和 D 鱼呢？即使它们之间的排序差距较小，中缸的鱼也是一样找 D 鱼，证实它确实是'知道'哪一个才是老大、老二呢！"

黑咖啡一口又一口，老鱼痴沉思很久，终于吐一口气，说话了："老朽养鱼多年，今日茅塞顿开！每天看那些鱼游来游去，怎么知道它们不是也在观察我走来走去呢？也许它们一眼就瞧出我在家中算老几呢！'子非鱼，焉知鱼之乐？'是不适用了！科学家以精巧的实验告诉我们，'我非鱼，能知鱼之思！'妙哉！"

数日后的某个半夜，老鱼痴神秘兮兮打了个电话给我，我进门一看，他正蹲坐在一鱼缸前，兴致盎然的观看两只非洲慈鲷打斗！真服了他！

旋转女舞者，Psych-You-Out!

知觉系统对周遭环境的冲突信息一旦作了选择，就有了从一而终的执着！

2007 年底，物理所所长吴茂昆院士忽然来了一封邮件，附了个网址说："我儿子在网站上看到这则信息，觉得很好玩，也许你这位研究认知与脑神经的心理学家可以告诉我们这是什么现象？为什么我们的脑会有这样的反应 ?!"

邮件上的信息不够清楚，我就打电话找到吴院士，问他到底在讲什么？他兴致勃勃地说："你点了网址看到那个旋转的舞者吗？还没有！那你一定要先看一下，真的很令人惊奇！看了之后，再告诉我你们认知神经科学的看法！"

我的好奇心全被勾起来了，就赶快点入网址，不一会儿，一位女舞者的画面出现了，她的一只脚直立地上，而另一只脚往前抬高，以同样的速度不停转圈圈。我看到她曼妙的舞姿以顺时钟方向旋转了起来，但是，等等，她怎么忽然间就转了个方向，变成逆时钟方向旋转了？我把眼睛眨一眨，再仔细看一会儿。咦！

利用计算机程序做了一个以同样速度、360度不停旋转的女舞者动画，让观者产生忽左忽右的错觉。旋转方向的轮替变化，是来自生理机制，还是人脑选择？图片来源：www.procreo.jp@ Nobuyuki Kayahara 2003

又转回去了，变成顺时钟旋转了。怎么一回事？我可以确定那屏幕上的移动程序是不变的，如果有变化，则一定是来自我这位观看者的知觉变化。而且，舞者总是无预期的时而逆时钟方向，时而又顺时钟方向，再看一会儿，又是逆时钟旋转过去……顺时钟……逆时钟……天哪！我到底是怎么了？昏了头吗？当然不是！因为我清醒得很呢！

盯着屏幕看了好一阵子，我又发现一个新的现象：我只能看到顺时钟方向的旋转，不再看到逆时钟方向了！我眨眼，揉眼，闭上眼，又张开眼，再看画面，舞者仍在旋转，我再努力也没办法让她往逆时钟方向旋转了！这也告诉我，之前会看到一下顺时钟一下又逆时钟的旋转方向，绝不能用习惯化（habituation）和反习惯化（dehabituation）的生理机制来解释，也许是我们脑在面对环境中的矛盾信息之后，作了选择，而一旦确定了选择的方向，就不再三心二意了！

我关上电脑，抛开女舞者旋转的身影，就去忙别的日常事务。晚上和同事们去狠狠打了几场竞争激烈的羽毛球赛，让自己累个半死，洗个澡，再到实验室听同学报告他们的研究成果。回到家里已十一点半，看了半小时的小说，眼睛疲倦了，熄上灯，希望好好睡一觉，看看第二天一早，休息够了，会不会有自发性的复元现象（spontaneous recovery），让我重新看到舞者顺时钟和逆时钟交替旋转的现象。

所以，起床之后，一如平常生活步调，洗脸刷牙、换衣服、乘车，进办公室和同事打招呼，一切料理妥当，我启动计算机，打开女舞者的档案，屏幕上的影像一出现，我就知道，没有什么自发性的复原，因为我看到的就是不停的顺时钟旋转，根本看不到另一个方向的旋转。当然，这个结果再次证实旋转方向的轮替变化，不是来自生理的机制，而是知觉系统对周遭环境的冲突信息所做的选择，而一旦做了选择，就有从一而终的执着了！

那天下午，我刚好有一场演讲，来了一百多位听众，我一开场就把女舞者的画面投射在大银幕上，听众的眼光马上被转动的女舞者所吸引，我等他们看了几分钟后，就问他们："看到顺时钟方向旋转的请举手。"大概有 2/3 的听众举手，我又问："看到逆时钟旋转的请举手。"也有 2/3 的听众举手！怎么会这样？因为有人和一开始的我一样，看到顺时钟和逆时钟旋转方向的交替！我让他们再看得更久一点，然后又问了一次，但修改问话方式，强调"只"看到顺时钟或逆时钟旋转方向，或者两者交替的人有多少。结果差不多一半的人"只"看到顺时钟方向，另外不到一半的人"只"看到逆时钟方向，而剩下来能看到两个方向交替的人，放眼望去，举手已零零落落，明显变少了。

　　所以，同一个程序展示出来的画面，有人看到这样，有人看到那样，个别差异是很清楚的。我看到有一对夫妇坐在一起，一个只看到顺时钟方向，一个只看到逆时钟方向，举手时，两人惊讶的互看对方。我开玩笑对先生说："她不可能向你看齐！"太太笑得很灿烂；我又跟太太说："他也不可能向妳看齐！"这下换先生得意了。我再补上一句："你们更不可要求你们的小孩一定要附和你们个人的看法！"两个人都频频点头同意，小孩应该有自己的选择。换我开心了，我的机会教育也算成功！

　　于是，我逢人就打开计算机展示女舞者，询问他们看到了什么？结果几乎都是一开始顺时钟和逆时钟交替旋转，到后来只变成为同一方向的转动。接下来的几天，我在实验室中，一直在思考我如何才能"再"看到逆时钟的旋转呢？我以前看得到，应该现在也看得到，只是被知觉系统选择把它压下来罢了。作为科学家，就必须去寻找可能的线索来指示我如何把被压抑的知觉找回来！

我试着把眼光凝聚在女舞者身体的各个部位。先从头部开始，看了一会儿，还是顺时钟，没有用；看肩膀，也没有用；往下看各个部位都没有用。但忽然间，我恍然大悟了，我眼光的焦点都摆错位置了：看一个人的旋转，要看脚才是最主要的部位，因为脚不移动，其他部位都不可能做360度的旋转。那只支撑身体的脚底才是关键！这个顿悟（insight）果然让我找到一个方法，可以随心所欲看到舞者顺时钟或逆时钟旋转，甚至可以"指挥"舞者向左转、向右转！哈！真是太棒了，太好玩了。

在接下来的一场演讲里，我对着将近200位听众展示这位旋转的女舞者，当然先从个别差异的展示做起，等到大家都稳定的看到旋转方向时，我问他们："你们能在座位上指挥'她'向左或向右吗？"大家一致说："当然不能！"我就教他们把眼光凝聚在那只支撑的脚上，然后看着脚尖的方向，对自己说：向左、向右、向左、向右。不一会儿，就有听众叫出："真的耶，我能

科学家找到了方法可以随心所欲看到女舞者顺时钟或逆时钟旋转，甚至"指挥"舞者向左转、向右转，却无法指挥旋转中的椅子。图片来源：曾志朗

看到向右、向左的旋转耶！"一下子，大部分的听众都学会了"指挥"那位舞者。我还告诉他们，只要眼睛一离开脚的部位，则又马上恢复以前那"从一而终"的旋转方向了。我让他们试试看，一下子暴起了如雷的掌声！他们觉得科学带给他们的新知识太神奇了！

科普教育是一回事，科学研究就必须回到实验室做完整的控制。我们在严谨的各种实验条件下，展示了人脚和旋转知觉的关联性，我们更用非动物性的椅子之旋转来说明，只有对动物性（animate）的图像才会有以脚为主的旋转知觉。这可能是因为在演化的过程上，若看到其他动物只动手、动身而不动脚，那不过是虚张声势，但只要脚移动了，则扑过来的可能性就增加了，要打、要逃，皆在一念之间。

不久前，我拿起电话，找到了吴院士，告诉他我们的发现，并对他说："谢谢你这位物理学家，让我们这些心理学家可以用这女舞者的实验证据来告诉所有的科学家，生命现象在现阶段科学理论架构中，是不可被化约为物理现象来加以诠释的！Psych-You-Out!"

奶水里的饮食文化

　　文化的接续确是母子相连，让人体会到生命演化的规律
是如此美妙！

　　文化是一种生活的规范，也是个人行为的社会性表现，因此
一个人的某种行为方式，如果符合社会文化面的期待，则显得自
然安适；相反的，如果和社会的期待有落差，则一举一动都会引
来旁人注目，甚至是带有攻击意味的"白眼"！所以，文化一词
虽然是个抽象的概念，但对个人的生活却有着非常实质的效应。

　　一个最明显的例子是 20 年前我刚从美国回到台湾定居，到处
可见骑着摩托车的骑士在来往车阵中抢道疾行，实在非常危险。
那时候还没有立法规定要戴安全帽，所有骑士的头上毫无保护，
在车群里钻来钻去。偶尔看到有一两位骑士戴了安全帽，总是带
着兴趣研究那安全帽的样式，感到那"打扮"很炫、很酷，有点
鹤立鸡群的独特味道。等到强制戴安全帽也严格执法后，慢慢的，
戴上各式各样安全帽的骑士多了起来，蔚为一种风气，再看到一
两位骑士不戴安全帽，反倒不习惯了。这个现象反映出文化的影

点好奇的睛

响力是很大的，特定行为模式一旦形成，就变成个人根深蒂固的习性，总是自动自发且不由自主地对特定环境做出反应，如果不做，则浑身不自在。

文化深入人心，并操控着日常行为的现象，我们感受最深的当属饮食文化中对某特定口味的嗜食习惯。刚到国外，对不同风味的异国美食感觉很新鲜，但几餐下来，就开始觉得好像缺少了什么，满桌的自助餐点怎么都不对胃口，再勉强挨几顿，便忍不住到处寻找中餐馆。大多数曾经到欧美国家旅游的人都会有相同的经验，更甭提思乡心切的留学生，想的都是哪条巷子、哪个街口的小吃。有些人更是三餐不闻米饭香，怎么吃都觉得没吃饱！所以出国旅游，虽然旅行社安排了餐餐异国口味的美食，但皮箱里却塞满了家乡口味的泡面，不是为了省钱，而是让口舌重温家乡的味道。

我有一位朋友是湖南老乡，出门身上一定带一小袋辣椒末，每一餐总是抓一点洒在菜饭里，很满足地享受着，我也放了一点在碗内，辣得我眼泪鼻水不停，每一道菜都只有一个味道，就是辣！另一位朋友更绝，总是带着一小罐镇江醋，也是每一道菜都淋上一些，都说好吃，我当然也如法泡制一番，但每道菜也都只有一个味儿，醋酸！

吃不得辣的人总是无法免俗问嗜辣如命的人相同问题："你怎么能吃那么辣？什么时候学会吃辣椒的？"我一边擤着鼻子，好奇地问这位湖南朋友。他眨眨眼，毫不思索就说："我们湖南人，在妈妈的肚子里就开始学吃辣了！"这个回答看似平常，也有点玩笑味儿，却充满了科学的含义。难道一般我们认为在后天社会化过程中才可能学到的文化习性，竟然可以在妈妈子宫内就养成了吗？

我觉得这是个很有趣的问题，也一直放在心里。很巧的，不久以前，接到国际心理科学学会（APS）的预告，在 2010 年 5 月举办的年会上，邀请一位非常优秀的生物心理学家孟妮拉（Julie Mennella）博士担任主题演讲者。孟妮拉十年来做的一系列研究，就证实了奶水文化传递机制。

孟妮拉在十几年前芝加哥大学的博士论文就以非常严谨的动物实验，证实了哺乳类雌性动物的羊水若渗有某些特定的口味，出生后的小动物便会产生趋向那个特定口味的偏食行为。她进一步的实验又证实了同样的偏食行为，也会透过吸取雌性动物的奶水而建立。接着，她再以人类为实验对象，也证实了小婴儿不但从妈妈的哺乳行为中，吸取了维护生命的奶水，更从奶水中传承了妈妈的饮食偏好！这个结果很有意义，因为文化的接续确是母子相连，让人体会到生命演化的规律是如此的美妙！所以这篇论文一发表，就得到美国国家研究服务奖（National Research Service Award），而因为这个研究结果，也启动了一系列和饮食习惯及食物成瘾的前瞻性研究，对婴儿食品产业产生了深远的影响。

孟妮拉博士很快就展开婴儿如何透过奶水建立不同口味的研究。她自己是意大利裔的美国人，所以对大蒜的口味特别偏好，她的实验发现，无论哪种哺乳动物（包括人在内），都很容易透过羊水和奶水建立对大蒜的偏好，可能是大蒜有杀菌的作用，而小动物从妈妈身上学会寻找大蒜的味道，具有演化的利基。

在做这些实验的过程上，奶水（或羊水）中加某一口味的化学成分，必须要请专业的品味师（有如品酒师）来确定其中口味是否就是所要表达的，同时也必须在没有添加化学成分的控制组奶水中确保没有这一口味。有一次在品尝控制组的奶水时，品味师感到其中一瓶母奶有发酵的味道，仔细询问那位给奶的妈妈，发现她在挤奶前的一个小时喝了一罐啤酒，这意味着喝酒的妈妈会把酒精传递给吸奶的婴儿。这个偶然的发现使孟妮拉博士赶快设计实验，建立严格的控制程序，比对实验组和控制组奶水中的变化，果然再次确定酒精会透过奶水进入婴儿的肚子里。这是个很重要的发现，对酗酒的妈妈当然有警惕作用，也让保护婴儿福利的机构据此立法来规范母亲的饮酒行为。

后天社会化过程中才可能学到的文化习性，在妈妈
的子宫内就已养成。婴儿不但从妈妈的哺乳行为中，吸
取了维护生命的奶水，更从奶水中传承了妈妈的饮食偏
好。图片来源：达志影像

这一连串的实验让我很好奇，婴儿把奶水吸在口中的感觉到
底是怎么回事？他们只是接受奶水的口味而不加以区辨吗？当然
不是！研究说明，他们会喜欢甜的，也会喜欢咸的味道。但他们
所吃的婴儿食品，我们吃一口就会感到好苦、好难吃。不相信？
你可以到超市买一瓶来尝尝看！有两种，一种像我们平常吃的牛
奶加干谷，没什么味道，但可以接受；另一种经过处理，声称可
以帮助婴儿消化得较快，以吸取更多养份，但只要你吃一口，很
可能马上吐出来，奇怪的是，初生婴儿却甘之如饴。研究者让婴
儿食用这两种食物，发现两种他们都可以接受，但吃前一种比较

会成习惯，不容易再接受另一种，而吃第二种的，就比较容易换别种口味。这些研究当然吸引婴儿食品产业，因为商机无穷，每个妈妈都会掏出万金来讨好婴儿的口味的！

那辣的呢？妈妈口中的辣，到了奶水中已经是微辣了，婴儿是可以接受的。但建立吃香喝辣的口味之后，那湖南骡子脾气是否也就跟着来了？这论点纯属臆测，尚待求证！

谜样的双眼 vs. 神秘的笑容

我的眼睛正视蒙娜丽莎的眼睛，她嘴角的微笑确实神秘，我的眼睛下移，正视她的嘴唇，乖乖！神秘不见了。

长途飞行，有时候要飞十几个小时，只能坐在座位上，不能自由自在走动，对我这个生性好动的人来说，真是很难受。幸好，我平日养成阅读的习惯，喜欢看侦探及武侠小说，遇到精彩处，全神贯注，有如入定修练，全然忘记周遭的孤寂。但机舱里的阅读灯，虽然就在个人座位上方，亮度仍然不足，而且灯照的范围有限，再加上老花眼，眼睛很快就累了。眼酸催人眠。好吧！就闭目养神小睡片刻。但身体不能翻向这边，也不能弯向那边，绑个安全带在小腹上，直挺挺的，怎么也睡不着！

打开座前的电影屏幕，戴上耳机，选了《史莱克4》来看，觉得现代的电影科技真是高明，动画的真实感比早期迪斯尼动画电影上的人物（如白雪公主与七个小矮人、灰姑娘、小飞侠等等）强多了，嘴巴的位置和发出的语音配合得令我这个研究人类语音知觉的科学家不得不肃然起敬，因为嘴巴的发音形状如果不对，很多音是听不准的。例如屏幕上的人物，嘴巴若是一直张开没有闭起来，即使电影里发出的音是"ba"，观众还是会听成"da"音，所以当我看到费欧娜叫史莱克时，嘴形是先小圆再张开时（发"r"音要小圆，发"rei"音就要张开），对费欧娜的"人化"就更有感觉了！

但费欧娜和史莱克在电影里再怎么人化，仍然不是人，这就像人工智能再高明，和人类的"自然智慧"就是不一样。所以在动画世界里，"拟人化"的条件是什么？这个问题不但有科学上的意义，更重要的是它在媒体广告上有特殊的应用价值。举个飞机上的例子。

以前搭飞机，起飞之前，空中小姐总会现身解说安全带如何扣、解，氧气罩在紧急状况时怎么使用，万一发生空难掉落水中时，救生圈如何吹气等安全措施，让乘客倍感亲切。但现在很多国际航线飞机都用电视动画来取代真人示范，很多乘客几乎不曾仔细看屏幕上的解说，这其实是很不合乎飞航安全规定的。如果动画里的拟人化解说员能更逼真一点，也许乘客的接受度会更高些？

我一下飞机，马上打电话给我一位专门研究 3D 动画的计算机专家朋友。他一听我谈起飞机上乘客容易因动画取代真人解说而忽略绑安全带的事，大表同意，还列举许多"因广告动画人物拟人化不足，导致消费者信心大打折扣"的案例。

"既然如此，为什么还要动画？直接请真人拍广告片不就得了？"

朋友在电话那头，愣了一会儿，骂了我句书呆子后，说："你难道不知道用真人很贵、用偶像更贵！而且都用真人，我这个专门研究 3D 动画的人，不就要失业了吗？"

我还是不死心，继续追问："那怎么办？"他大笑一声说："我们可以把动画里的人，加上'人'的因素呀！你是认知心理学家，总知道该怎么做吧?!"他等着我回答，但我不知道如何回应，僵在那里，他以同情的声调说："算了，专业不同，也不必让你猜来猜去了。我们收集了一'拖拉库'的人类表情图像，制成模型，有眼睛的各种神情，也有鼻子、嘴巴、眉毛、额头、下巴等种种肌肉牵动形态，就像警局侦察小组建立的人脸数据库一样，但更精细。

"我们也从你们这领域的研究中得知，当我们把这些拼凑出的真人脸部表情融合在创造出来的动画人物中，只要占有 60% 以上的比例，一般观众就会感受到人物的真实性；而且根据调查结果，它们获信任的程度也会比一般卡通人物增加许多。我的工作就是写出更好的图像融合程序，使动漫人物的拟人化程度更能为电视前的观众接受，增加广告的营销效益，所以我的程序是很值钱的！"

看他讲得那么得意，本于认知专业，我忍不住又追问一个问题："那你在做图像融合的过程中，有没有发现人脸的哪一部分表情，对拟人化程度影响的比例最大？"

朋友果然不敢小觑而严肃了起来："这答案其实不简单。严格说来，每个部位都重要。嘴形固然表达了喜、怒、哀、乐，却也不能忽略鼻子的抽动，点出了'俏'不'俏'的模样，眉毛的惊奇、忧虑和沉思，更是显现出'心事谁人知'的探究指标。最有趣的是，额头的微妙挑动是模拟打瞌睡成功与否的关键。但是！但是！但是！眼神的开朗或阴郁，却是最能打动观众的灵魂所在。所谓美目倩兮，含情脉脉，尽在眼中！所以，眼神确实是占了最大的比重。"

讲得真好，我听得也满感动的，但对他的得意也有点受不了，就问了一个自认为很有学问的问题："如果眼神那么重要，那你如何模拟蒙娜丽莎的神秘微笑呢？"

只听得电话那边一连串大笑的声音，还夹杂着咳嗽喘息，朋友有点指责地说："你这是在考我吗？蒙娜丽莎微笑的神秘来源，不是她嘴角的模样，而是达芬奇这位伟大画家利用几层调配的颜色，让嘴唇部位看起来阴暗一些，又利用较鲜明的颜色使她的眼睛变得更媚丽更吸引人注意。所以当我们看到她的画像，我们的眼睛正视着她的眼睛时，用的是视神经中负责高频率处理的神经细胞，很精确、很细致，但同时我们却用眼角余光（周边视神经）去处理嘴唇部位的低频率颜色信息，造成暧昧不明的动感。你只要把眼睛正视蒙娜丽莎的嘴唇部位，造成处理高频率的视神经不会去处理低频率的阴暗颜色，蒙娜丽莎的嘴唇就是嘴唇，一清二楚，不再闪烁，整个神秘感就不见了。不信？你去试试看！"

　　他说的这些话，我其实几年前在期刊上读过，哈佛大学医学院的利文斯敦（Margaret Livingstone）有专门的论述，但一直没有机会亲自验证一番。为了逗他，我就说："照你的说法，让蒙娜丽莎微笑显得神秘的，其实不在她嘴角的形状，而是看这张画的人的两种视神经作祟的结果。达芬奇在几百年前画了这张画，那时候对视神经的两种形态都还不了解呢！他怎么可能会去运用这样的知识呢？"他马上回答："达芬奇做过许多动物解剖的工作，也做过牛的眼睛实验，知道光线透过瞳孔，反映了倒过来影像，他做了那么多杂七杂八的实验，也许早就发现那两种形态的视神经细胞呢！"

　　我不敢说达芬奇有没有发现这两种视神经细胞，应该是没有。

但他从经验中发现不同颜色在画布上有不同稳定度，绝对是可以肯定的。无论如何，我从和朋友的一通长途电话中学到好多新知识，洗去了一身疲惫，换来对研究的好多想法，是很痛快的一件事，虽然那通长途漫游电话花掉了我四十五美元，值得！

　　在国外开完会回到台北，第一件事就到"中正纪念堂"欣赏正在展出的蒙娜丽莎（虽然是复制品）。站在画前，我的眼睛正视她的眼睛，她嘴角的微笑确实神秘；但我的眼睛下移，正视她的嘴角，乖乖，神秘不见了。达芬奇真是太伟大了！我能亲身验证这项知识，真是太幸福了！

一个人眼神的开朗或阴郁，是最能打动他人灵魂之所在。蒙娜丽莎神秘微笑了数百年，谜底竟是观画者和她那双谜样双眼交会的结果？

图片来源：http://upload.wikimedia.org/wikipedia/commons/e/ec/Mona_Lisa%2C_by_Leonardo_da_Vinci%2C_from_C2RMF_retouched.jpg

姿势决定论：艾菲尔铁塔有多高？

人们对外在事物的判断，竟然会因为身体的左倾或右倾而产生低估或高估的现象。让人不得不怀疑，真有"自由意志"这一回事吗？

很多人有过这样的经验，尤其是离乡背井多年再回故乡的人，都会感觉家乡好像变小了，总记得以前由家里到镇上的每一个地标（车站、学校、警察局、农会、镇公所、市场等等）要走好远，怎么事隔多年，它们都移到离家很近的地方，仿佛整个城镇都缩小了。我研究所毕业后到美国留学、教书，再回到故乡，放下行李后的第一件事就是赶去传统市场，吃碗在异乡念兹在兹的牛婆炒米粉，再来盘粉肠、鱼肉卷和红糟肉。由家里走出去，以为要走一大段路，但才走了几步路就到了！我停下来看看市场四周的店铺，一间间的店面都没有变，确定自己不是在做梦。

我赶快把炒米粉囫囵吞下肚，满足相思的情怀，迫不及待到镇头看看巴洛克风格的火车站，顺便探望一位已成名中医的老同学，又到镇尾向堂伯请安，然后转头走到郊外的中学拜会一位语文老师。我走东走西，重温故乡的人情，思忆过往成长的点点滴滴，回到家里，近乡的澎湃情怀慢慢退去，才忽然想起，怎么一下子就走完了全镇？小时候，每个地点好像都很远，去市场要跑很久，去中学还得骑脚踏车。如今才不到两个小时，我已走遍梦里的故乡，感觉上好多回忆都蒸发了，有些惆怅！

这是怎么一回事？是异国思乡的情怀把所有事物都夸大描绘，还是在真实中，故乡如旧，但我变了——长高了，脚长了，步伐大了？点与点之间的距离当然和以前一样，但我走路的速度加快，跨出去的每一步距离，比之小时候当然也变大了，所以整个镇容的影像因此而缩小了。人对世界的感知和判断，其实和我们的"身体"状态息息相关。

找一位四岁的幼儿，和他做一个游戏，就可以清楚观察到这样的现象。在他面前的一张小桌子上，摆放很多长条状的小积木，告诉他一起来玩造篱笆游戏，看他能不能以及如何把小积木排成一排。我们先放两根小积木做篱笆两端的定点，然后要他在这之间将一根一根的积木排列放好，形成篱笆。

这游戏很简单，大部分的小孩都能很快搭好篱笆。假如我们摆在两端的小积木是和桌子的边缘线平行，由于小孩身体贴着桌边，和这两根积木也是平行的，他会毫无困难的造出一排和桌边平行的篱笆。原因是身体和小木柱的走向呈平行，是很好的参考点。这是生物系统的一部分，不必教，小孩自己就会的。但只要我们改变游戏的方式，破坏参考点的稳定性，就会使小小工程师的筑篱工作因为这小小的改变而走样了。

把刚刚完成筑篱工作而得到奖励的四岁幼童请回来，让他再筑一道篱笆。我们仍然先摆好两根小积木，但让它们的连线不再和桌子的边缘平行，而是形成一个大角度，这时候，就会看到小孩筑篱时很有趣的过程。小孩的身体贴在桌边，胸线和桌沿平行，他和前一次一样拿起积木由这一头往另一头一根一根摆过去，开始的几根是和桌沿平行的，但过了中间点后，他忽然警觉继续排下去将接不上另一头，就开始转弯成弧形。不过受到身体和桌沿平行的影响，又会不由自主往平行的方向排过去，然后又调整成弧形。最后形成一排先直后弯，再有一小段和桌缘平行的直线，再弯回去，终于衔接上另一端的小积木。

篱笆完成了，可是又直又弧，连小孩自己都不满意，但就是无法改进。这个实验等小孩到了五岁后，智力成熟一些，就能摆脱自己身体下意识的掌握，以投射几何的概念去筑一道非常直的篱笆，而且不受两端积木摆设的方位所影响。

其实我们对外界事物的感知和记忆，深受个人身体的状态影响，在生活的各个层面都可以找到例子。在同一个教室上课和考试，成绩会比临时移到另一个教室好多了，就像原车原场地考驾照，通过的机会就高出许多。珠算高手在做心算时，把他两手的手指头绑住，速度就慢下来了。还有，我有个同学，上课时习惯用手托着腮帮子，就像在做白日梦，所以老是被点名起立复述老师上课的内容，他站起来，把手放下来，说什么都不记得，老师叫他坐下，他手一托起，就能把老师的话重复一次，而且一字不差，老师常说他是靠腮帮子而不是靠脑袋瓜的人。仔细观察，我们"身"边的这类故事是很多的，也许这才是天人合一的概念。

但更微妙的是身体内化外界事物所形成的抽象表征，也会影响我们的判断。最近我在荷兰的一些认知心理学的朋友，寄来一篇他们刚发表在知名期刊的研究报告，发现人们对外在事物的判断，竟然会因为身体的左倾或右倾而产生低估或高估的现象。让我不得不怀疑，人真有"自由意志"这一回事吗？

这篇研究报告只有两个实验，实验程序和实验变项的操弄都很简单，想要解答的问题也很直接了当：人在站着的时候，不自觉的左倾或右倾真的会影响个人对数字的感知吗？

为什么会提出这个问题呢？数字的概念不是抽象的吗？难道我们对101大楼高度的估算会因身体的动态而变化吗？科学家问

这样的问题，会不会有点异想天开呢？

其实这个研究议题并非科学家随机起意或没来由的假设，原来在文献上，有将近三四十年的研究证实，人们对数的概念像是一条逐渐由小依序变大的心象（mental image），且由

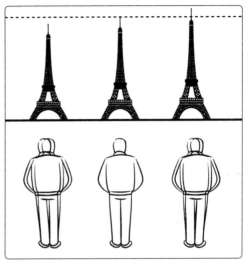

估算艾菲尔铁塔的高度，会因身体的动态而有所不同吗？图片来源：姚裕评

左向右一直排过去。也就是说，人们会把小数字放在左边，把大数字放在右边，因此如果出现在左视野的数字是小的，人们的认知反应就比出现大的数字来得快；反之，出现在右视野的大数比小的数字容易被感知。

根据上述的数字心象论述，这几位荷兰的研究人员就设计了两个实验，要受试者站在一个任天堂公司出产的 Wii 平衡器（Wii Balance Board）上，这平衡器可以记录受试者站立时的倾斜度，也可以暗中操弄，使受试者不知不觉的向左或向右倾斜两度。受

试者一直被要求直立，而他们也一直感觉自己是直立的。研究者安排了 39 个问题，例如要受试者去估算某个建筑的高度，或某个城市有多少个教堂，或世界上有多少种语言、一头象有多少公斤等等。

受试者站在 Wii 平衡器上，一一去估算出每一个问题的数量，研究者也把答案一一登录下来，以转换成 Z 分数的平均数作为统计分析的数据。第一个实验所提出的问题，答案估算值有很大的，也有很小的，而第二个实验的问题，答案估算值就集中在 1 ～ 9 之间。两个实验的结果相当一致：和直立时比较起来，都显现了左倾时会低估而右倾时会高估的现象，但前者达统计的显著水平，而后者确有高估迹象，但没有统计的显著意义。如果比较左倾时和右倾时对艾菲尔铁塔的估算，前者比后者低估了 12 米，而这个差异是显著的！

人体的姿势竟然会影响对数量的估算，表示人在生物体系中的存活，尚未因抽象意念的提升而脱离"体"的掌控，但"心"的自由度也确实在增进中。至于"灵"，还早！孙悟空再大的本领，仍然跳不出如来佛的掌心。只得再去修炼了！

腹中藏秘：夜行蝙蝠的吸能大法

科学研究揭示的真实世界，经常令人叹为观止；知蝠惜蝠，才有福！

今年（2011 年）1 月底，应澳洲悉尼的麦考利大学（Macquarie University）之邀，为他们刚成立的语言与脑科学研究中心正式启动，说些祝福的话，也顺便作一场学术演讲，报告我们两个实验室合作的研究成果。因为碰到周末，又逢旧历年的除夕，多出了几天假期，我就先飞到澳洲南部的墨尔本大学，去拜会澳洲科学院的院士沃克斯（David Vaux）医生。他在生物医界非常有名望，也是国际科学理事会（ICSU）的成员，和我同为科学行为自由学与责任委员会（CFRS）的委员。

但打从 1 月中旬，澳洲东北部暴雨成灾，洪水淹没了好多土地，破坏了广大的海域，连大堡礁都不能幸免。西岸则是高温干旱，热风阵阵，引发山林大火，蔓及许多民宅。而我在墨尔本的那几天，虽然行前对炎炎夏日心里有数，却没想到气温竟然天天高达摄氏 40 度。全球气候变迁之怪异现象，我在那几天都经历到了！因为太热了，大卫警告我上午 10 点之后最好不要外出，但他怕我无聊，就提议早上 6 点钟到他家后面的"黄河"（河流呈沙黄色）划独木舟，趁天气还凉，可以顺流一直划到墨尔本市，看看两岸的风光。我这人喜欢运动，而且没划过独木舟，一定很好玩；再说，南半球的草木应该有不同的风貌，老远飞来一趟，当然要仔细欣赏。

大卫的家在河岸的山坡上，我们从后院把两艘独木舟抬到岸边，轻轻顺水流放下。大卫派他 13 岁的女儿和我共划一艘，做我的护卫者。我笨手笨脚的，上船时差点翻倒独木舟，划桨时也溅了一身湿透。但看她小小瘦瘦的，却是一桨在手，灵活自在，左右两手交替，一边用力，另一边就轻轻划过，一下子独木舟就安安稳稳，慢慢往下游荡去。我坐好姿势，渐渐也进入状况了，两手的动作越来越顺畅，也有闲情看两岸的风景了！

乖乖！两旁尤加利树高耸入天，连绵不绝，好不壮观！我开玩笑地对大卫的女儿说："会不会看到无尾熊啊？"她大笑："不会，但你会看到'别的东西'！"我很好奇，张大眼拼命看，用力找。只看到远远的树枝挂着一包又一包的果实，每一枝杈都挂满了一整排，真是多产！可是一想，不对呀！没听过，也没读过尤加利树会长出那一包包倒心形的果实。正要开口问我的女孩护卫，忽然看到附近岸上一棵大树顶端掉下了一包果实，而且朝着我们这边砸过来。眼看包裹即将掉到我们头上，忽然"飞"走了，翅膀一展，好大一只乌鸦！再仔细一看，不是乌鸦，是好大一只蝙蝠！

我再抬头看个分明，那一大片树林上密密麻麻的"果实"，竟然是上百、上千、上万的大型蝙蝠，都倒挂着在做"白日梦"呢！世界景观，真是无奇不有，而我在过年时节享受到千万个"福到了"的实景，今年非发不可！上岸之后，我冲到大卫的面前，指着树上那些果实，对他说："I had a 'fruitful' of luck!"并告诉他"福到"的民间吉利话由来。他说，那我们都祈祷福到澳洲了。

平生头一遭看到这种奇景，我满腹问题，马上问他："它们怎么大小解？"他是位标准的澳洲人，从小生活在自然中，非常融入，常识很丰富，又很幽默，马上警告我："奉劝你白天不要在高大的尤加利树下行走，小心热带雨！"我又追问："那母蝠如何产子？"他看了我一眼，确定我是正经八百的问一个很严肃的问题，就说："根据《国家地理》杂志作者的观察，这树上雌性蝙蝠在生产的时刻，要翻身、直立、利用地心引力挤出小蝙蝠，然后……再翻身展开翅膀把小蝙蝠捧住，使它不摔下去，厉害吧！"我不知道他是否在唬我，但他是研究科学"诚信"的科学家，姑且信

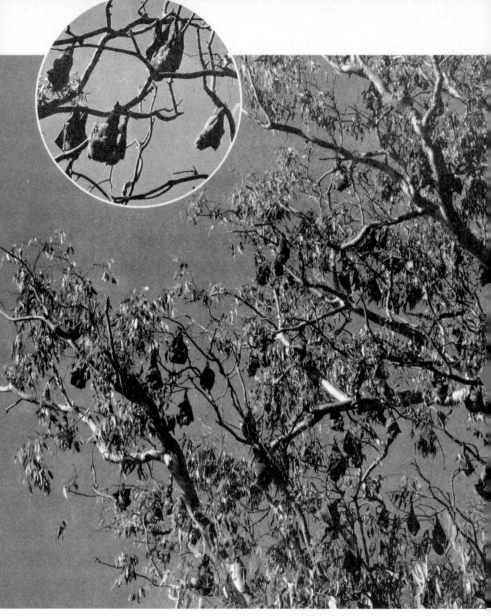

　　两旁尤加利树高耸入天，长出一包包倒心形的果实，忽然看到附近岸上一棵大树顶端掉下了一包果实，而且朝着我们这边砸过来，眼看包裹即将掉到我们头上，忽然"飞"走了。图片来源：曾志朗

之，将来再去查证一番！

那天傍晚，参观大卫的新实验室，也和其他研究者交换了彼此研究的心得后，就回旅馆稍事休息，再随同大卫赴他朋友家去吃道地的澳洲烤牛、羊排。酒醉饭饱，正谈得高兴，大卫在8点55分左右，把我拉到院子，指着还很明亮的天空预告说："再五分钟，就来了！"我摸不着头绪，不知他在说什么，但主人和所有客人也都很有默契一起走出来，说："好准时，每晚9点整，它们就飞离树上，到各处觅食去了。"

果然，天空一下子乌云满布！但晴空万里，哪来乌云？原来是成千上万的黑蝙蝠集结在天上，成群的飞过去，一群又一群，把天空都遮住了。我看呆了，好一阵子说不出话来！转头问大卫："它们这样要在天上飞多久？"大卫的小女儿抢着回答："要整晚哩！要花七八个小时找寻食物，吃饱了，到了白天，又回到树上去倒挂着睡！它们是日落而出，日出而息的劳动族，不用打卡，不必点名，自动自发，比我们学生还乖呢！"

我好奇的是，展着双翼，一上一下不停的飞动着，是很消耗能量的，以它们小小的身体，如何产生足够的能量，以供维持七八个小时的运动量呢？跑马拉松的人，都知道保持能量的不易。我把问题抛出来，以为会难倒大卫。想不到这位学识渊博的医生马上有答案。他拿出 iPhone 上网，找到去年十月《生态》（*Ecology*）杂志上的一篇研究报告。这会儿，我知道他不是唬弄我的。

德国莱布尼兹动物园与野生动物研究所（Leibniz Institute for Zoo and Wildlife Research）的研究员沃伊特（Christian Voigt）和研究伙伴，利用巴拿马附近捉到的小牛头犬蝠做实验，以高科技的精密仪器，测量它们在捕食到昆虫之后所呼出来的二氧化碳中的碳离子比例，发现这些蝙蝠的消化系统很特别，不但能吸收血糖的能量，也能把吃下去的昆虫里的蛋白质和脂肪能量直接吸为己用。做个有趣的比喻吧！也就是说，它们可以直接把其他昆虫所练成的功力，直接就接收过来，有如金庸小说所描绘的吸星大法！科学研究揭示的真实世界，经常令人叹为观止。

台湾很多地方也有蝙蝠出没。在瑞芳海岸附近，有个蝙蝠洞，七月的时候会有为数众多的蝙蝠，在下午 4 点左右齐飞而出，形成观光奇景，就像澳洲墨尔本的蝙蝠林。但希望观察它们出洞的游客们要耐心等待，切勿在它们做白日梦时搅扰它们，这才是功德无量。

知蝠惜蝠，才有福噢！

Part 3 破今古之格

站在历史的肩膀上，科学人看得更远

左晃右摇，舞动生命的规律

科学问题若想得到解决，跨领域、跨校、跨区的研究合作是趋势，也是一种必然！

我是很忠实的云门迷，只要有演出，我一定排除万难，想办法去观赏。有时候会看得很累，因为乐声舞姿总会激起我太多的认知反应，移动的画面转成五光十色，呼唤着我大脑里的镜像神经元，产生与之共舞的渴望。最让我感动的是一幕幕的表演都是文化的暗示，即使台上空无一物，乐声忽现，舞者静静凝视，我的想象却都是历史的回忆：水月、竹梦、行草、九歌、薪传渡海先民的前仆后继，还有挽歌的孤影动人心魄。那沉默无声的肢体，实则喋喋述说一则则丰富的生命含意。

我为什么会有这么超乎热情的反应？不外乎是我太以怀民、曼菲和这群舞者为傲，以他们所创造的作品为荣，但最主要的是我自己喜欢动，喜欢在美好的音乐中左摇右晃，自得其乐，也很喜欢看别人的"动"，尤其那些漂亮优雅、干净利落的动作，总让我激赏不已！短跑健将冲刺的劲道和双腿的协调，跳高选手过竿挺背收腰的弧度，体操选手的弹跳及挑战体能的空中翻转；足球"高"脚盘球过人，翻身射门，顶球入网；篮球高手飞身灌篮，百步穿杨投篮……都让人赏心悦目。所以奥运会的时候，很多人直把眼睛贴在网络转播的计算机屏幕上：对美不胜收的肢体动作，怎能拒绝?! 问题是什么才叫"美"的肢体动作？它为什么这么容易引发观者的赞叹并投射成为一种"着迷"？

从演化理论的观点，舞蹈的美姿和性（求偶）的选择（sexual selection）是息息相关的。达尔文是第一个提出这个想法的人，他当然也从动物行为的观察上，提出相当多间接的证据来支持他的看法。譬如说，雄性动物的美艳展示以及它们走路、跑步、跳跃的剽悍威姿，确实是求偶的有利条件。然而，要如何才能客观地去界定雄伟的肢体动作，达到量化的目的，其实是相当困难的。

身体的高大和重量，都可目测得之。物理上的量化指标，除了身高体重之外，体型比例也很容易量出来。但动作协调的质量，和"跳得好不好，舞得妙不妙"的判定，就不太可能在定量的研究中得到答案了。无法做出令人满意的美姿指标，就不能奢谈它和性选择之间的确切关联。那达尔文的看法再好，就是符合所有人表面的印象，也不过是个有趣的看法而已！

还好，科学家对这样有意义但又有困境的问题是不会放弃的。

为了突破"舞蹈动作质量难测"的瓶颈，在美国东部纽泽西罗格斯州立大学（Rutgers, The State University of New Jersey）的一群人类学家就结合了在西部西雅图华盛顿大学一群做计算机动画的研究者，做了一个非常精彩的跨领域研究，用实证的数据，经过了严格的统计检验，提出相当令人信服的证据，支持了达尔文的看法。他们的研究显示，人类舞姿的优异质量，确实会引发异性的爱慕！

首先，也是最关键的，就是要找到一个很清楚的指标，用来作为量化身体动作协调质量的基础，所以研究计算机动画的专家就扮演了很重要的角色。他们要设计出可靠的软件程序，可以准确撷取舞者的动作（motion capture），而不受到舞者本身因素（如发型、脸形、性别、服装等）的影响。研究者先让牙买加（那里的居民几乎是生活在音乐和舞蹈中，可以说个个是天生的舞者！）183 位舞者，每一位都在相同的音乐、相同的摄影机前跳一分钟的舞，然后动画专家以他们设计的程序去撷取每一位舞者的动作基型，然后去计算每一位舞者的手肘、手腕、膝盖、脚踝、脚、手的中指、小指、无名指及耳朵的相对位置。

接下来，再比较身体左右两边的这些相对位置，就可以得到一个所谓的波动性不对称（fluctuating asymmetry, FA）值。FA 值越高，表示舞者在跳舞时，身体两边的平衡稳定度越差；反之，则舞者表现身体动作的稳定度非常好。

有了这183位舞者的FA值，就可以就他们舞蹈的撷取动画影片中，选出20个FA值高（10位男舞者，10位女舞者）的影片，和20个FA值低（也是10位男舞者，10位女舞者）的影片。然后让另外155位牙买加的舞者去观看这40段影片，并对每一段影片中的舞姿，根据"美或不美"的量表去作评估，这些评量的数据就可以用来检验"舞姿的质量会影响性选择"的假设了！

在动物的世界里，如果有某一种动物，其教养下一代的责任都落在雌性动物身上，而雄性动物的负担很小的情形下，我们会观察到雌性动物对雄性动物的选择就非常挑剔，而雄性动物就会在各种外形展示上表现得奇艳显目。因此，这一群研究者便推断牙买加男性舞者的舞姿质量会特别重要，而女性评估者对舞姿质量的要求会很在意。

统计检验的结果，确实证实上述两个推论。男性舞者的FA值越低，被评为舞姿美妙的程度就越高，而且变异数分析也显示这是个重要的因素（占48%）；女性舞者的评量数据也得到同样的结果，只不过变异数分析结果指出其重要性就大为减低（只有占23%）了。

　　我喜欢动，喜欢在美好的音乐中左摇右晃，自得其乐；也很喜欢看别人的"动"，尤其那些漂亮优雅、干净利落的动作，总让我激赏不已！但歌要唱得好，舞要跳得姿态迷人，大脑必须要能掌握神经通路之间的协调，才能使身体各部位机件（包括喉头内的肌腱）的时空整合，表现得平稳顺畅。图片来源：许碧纯在两性的交叉比对上，也出现有趣的结果，即女性评量者对男性舞者的对称表现非常在意，而男性评量者对女性舞者的对称性却一点也不在乎。更有趣的是 FA 值很高（平衡稳定度差）的男性评量者，自知求偶不易，因此对女性舞者的 FA 值就采取不同的判定标准，他们对 FA 值高的女性舞者反而给予好的评价。也就是说，舞姿不好的男性，因有自知之明，干脆去追求舞姿也不是那么高明的女性了。这些观察，不是臆测，也不是想当然，而且根据统计结果所得出的结论，令人叹为观止！

歌唱、舞蹈，都是我们生活里让感情宣泄的行为，但歌要唱得好，舞要跳得姿态迷人，确实不是一件容易的事，大脑必须要能掌握神经通路之间的协调，才能使身体各部位机件（包括喉头内的肌腱）的时空整合，表现得平稳顺畅。这里所测量到的 FA 值，也许就代表着整合成功的指标，对动物的生长稳定性应该有特别的含义。

我由个人对云门舞集痴痴的欣赏，辗转谈到舞蹈在生命演化的规律，其实是要点出我对文明进展的看法，更重要的是要提醒大家，科学问题若想得到解决，跨领域、跨校、跨区的研究合作，是趋势，也是一种必然！

黑酒成黑金，也是出非洲记

我在图书馆的一角喝了一杯浓浓香醇的咖啡，含在口里的却是人类 600 多年的历史，好喝！

我喜欢旅行，喜欢轻装便服，背起背包，就自由自在搭机飞到我向往已久终得一游的大城小镇，或踏青望春，或临湖避暑，或滑雪寻梅，或在秋末入林，让北国的红叶随风轻抚着渐白的头发。但无论到哪一国的哪一个城市，我最后总会走进当地的大学校园，去探索那个地区的文化特色，也借着徜徉在房舍幽径之间，去体会那间大学所表现的文明深度。然后，晃着晃着，不由自主地就会走进图书馆，因为那里才是大学最精华的所在，它的氛围代表着那个学校的学术层次，也代表那个国家的人民对知识重视的程度！

两年前的冬天，我到瑞典最古老的乌普色拉大学（Uppsala University）参加一个学术研讨会，并做了一场演讲。600 多年历史的校园在大雪纷飞中一片宁静，古老的红墙绿瓦铺盖上一层层乳白色的新雪，煞是好看。我坐在大学附近的一家咖啡馆，啜着香浓的咖啡取暖，顺口探问服务人员，大雪封城，我可以到哪里去走走看看乌普色拉的特色？

那位年轻的服务生，手指向窗外不远处高耸入天的建筑，亲切的说："600年前大学里最早建造的大建筑物是教堂，300年前一把火烧毁了大半，市民很快重建，所有的纹饰图案都按照原样，但换上了新技术开发完成的彩绘玻璃。对乌普色拉的人民而言，那是我们的灵魂所在！"讲完，他又指向另一方，告诉我在那一片松林底下藏有一栋平房："那里是大学最老的图书馆，你走进大门就会看到馆的正中央有一个相当大的玻璃柜，里面放的就是镇馆之宝——一本哥白尼的原著《天体运行论》第一版，代表我们乌普色拉的智慧！"心灵与智慧从这位服务人员的口中自然流露，当下让人感受到这个城市的人民对文明的深厚品味！

我看了教堂，也在哥白尼那本古老但保存得很好的原著旁驻立良久，品尝旅行者最高的乐趣。这个经历也让我回想到十几年前到英国牛津大学访问时的一段往事。我在那里讲学一个星期，最大的乐趣是去参访各个学院的图书馆，翻阅各馆的特别收藏。有一天走到拉德克利夫（Radcliffe）学院的图书馆里，坐在一张古老的桌子边看书，周围摆了好多个非常古老的大型木制地球仪，有的已有百年历史，但仍然可以顺畅转动，我抬头看看四周，就在靠近内门旁、有着彩绘玻璃的窗子底下，也有一座透明的玻璃柜。我走近一看，里头架着一本古腾堡第一版的大型圣经，古黄色的纸上有哥德式的文字，而插图的颜色五彩缤纷，鲜明的色泽犹如新印。我再仔细观察，发现原来是绣出来的，而且是用金箔的线条框起来，我那时的感受只有一句话：叹为观止！

也许就这样养成了每到一个城市必定去看大学，而每到一个大学就必须去图书馆的习惯了。有一次，我有机会到美国匹兹堡的卡内基美隆大学（Carnegie Mellon University）去参加一个会议，那是一所在计算机与信息科学都排名世界第一的现代大学，但是它的图书馆在人文学科的收藏也是很令人惊喜的。我晃进去的那一天，学生很多，但很安静，我在特藏馆看到了正在展示的一本书，是1685年由杜福尔（Philippe Sylvestre Dufour）所写的一本有关饮食文化的书，比较了咖啡、茶、巧克力三种饮料引进美国的历史。

我被其中一张大的插图所吸引，图中画了三个人物，左边坐着的是一位中东人士，头上包着头巾，身边就放了一壶咖啡罐，右手捧着一杯热腾腾的咖啡；中间坐着一位清朝文官打扮的人士，在面前的小圆桌上，摆了一个绍兴茶壶，右手举杯，正气定神闲地饮茶；最右边站着一个美洲印第安酋长，头戴着羽毛做的帽子，光着上身，打着赤脚，只穿着一件羽毛编成的短裤，他端起一大杯的滚烫巧克力，愉快地闻着它的香味。我觉得这张画很有意思，它告诉我在 1685 年之前三种味道各有特色的饮料，已成为美洲殖民地达官贵人休闲的重要享受了。

　　我一边翻阅书里面的其他插图，一面想着：巧克力是美洲土产，茶是中国来的，但咖啡是中东伊斯兰教徒带到美洲的吗？我忽然觉得这是个有趣的问题，它代表了人类迁徙及航海贸易发展的历史。作为一个科学人，一有疑问，想要解答的动机就不停地缠住我的心思。我开始上网查询，也读了许多好玩的传说，其中之一指咖啡是因为衣索比亚高原上的牧羊人发现羊吃了一种植物后变得非常兴奋活泼；另有一说则是由于一场野火烧毁了衣索比亚高原上的一片咖啡林，香味引起了附近居民的注意，人们后来发现这些果实可以提神，就磨碎掺入面粉做成面包，分发给出征的勇士，以提升他们的战斗力！

　　这种种传闻已不可考，只能当成"杯"后逸事来谈，但许许多多的记载确实都指向非洲是咖啡的发源地。最近，科学家比对世界各地不同种类咖啡的 DNA，也证实了这个"出非洲记"的说法。我也从文献中，找到了很有趣的咖啡"移民"的历史。从 1450 年到 1750 年的 300 年间，咖啡的两个主要品种小果咖啡

1685 年法国作家杜福尔出版的《诱人的咖啡、茶与巧克力之新论》（*Traitez nouveaux et curieux du café, du thé et du chocolate*）中的插画，画中三位人物中东人士、中国文官、美洲印第安酋长，似乎正代表咖啡、茶、巧克力三种饮食文化。图片来源：http://books.google.com.tw/books/absout/Traitez_nouveaux_curieux_du_caf%C3%A9_du_th.html?id=6G4-AAAAcAAJ&redir_esc=y

（阿拉比卡种）以及中果咖啡（加纳弗拉种或罗巴斯塔种）开始了海上的漫游，而且它的香味引起了学者的遐思。科学推论的大哲培根在 1627 年的一本书里提到，在土耳其类似英国酒店的咖啡屋里，卖有一种"黑酒"，名就叫咖啡，香味令人陶醉。

第一家欧洲的咖啡屋开在商业鼎盛的威尼斯（1645 年），5 年之后英国牛津大学附近也开了第一家咖啡屋。到了 1663 年，英国已有 80 家咖啡屋，50 年后全英国已经有超过 3000 家的咖啡屋了。英国人在北美设立殖民政府，第一家咖啡屋就开在波士顿（1689 年），店名叫伦敦咖啡屋（London Coffee Home）。7 年之后，纽约市也开了第一家咖啡屋，就是历经数百年仍然香味引人的 King's Arms 咖啡店（1696 年）。

纽约大学的一位朋友看我专心为咖啡闻香逐源，就指点了我一个迷津，告诉我不妨到华盛顿特区美国国会图书馆去看看，也许可以满足我的好奇心。我利用一次到美国国会图书馆拜访的机会，果然在那里看到了一张 1719 年的航海地图。图上有两个连在一起的大圆圈，代表地球的左右两个半球，左边圆圈中是北美洲和南美洲，右边圆圈中则挤满非洲、欧洲和亚洲。它们的比例并不很正确，但相对的位置一点也不差。

最令人兴奋的是后来的研究者根据这张地图以不同颜色标示出咖啡的贸易图，故事说的是荷兰东印度公司从也门的摩卡地区取得咖啡的种子，移植到它的殖民地印尼爪哇（1690 年），然后在 1706 又把爪哇的咖啡树种在荷兰阿姆斯特丹的植物园。1713 年，法国植物学家从阿姆斯特丹把咖啡树带回法国，做了第一个科学的解剖分析图。1720 年，一位法国海军军官把两棵咖啡树藏在船上，带到了加勒比海的港口，虽然只有一株活了下来，但不久之后咖啡就长在海地（1725 年）、瓜达鲁普（1726 年）、牙买加（1736 年）、古巴（1748 年）和波多黎各（1755 年）。同一时期，荷兰的另一艘船也带着种子到了巴西（1727 年）。如今巴西是全世界咖啡的最大输出国，而巴黎左岸成为咖啡文化的圣地。望着这一张三百年前的地图，我好像在时间机器中经历了一趟香味扑鼻的旅程，真是享受！

你现在知道我为什么那么喜欢去图书馆了，因为在图书馆中有最大的宝藏，就是知识；但知识中迷人的地方，就是典故。当咖啡由也门的"勇气之源"，到开罗，到大马士革，都称为 Qahwa，意思是"植物饮水"；到了伊斯坦堡，土耳其语就变为 Kahva；传到欧洲就有了"黑色金子"的封号了。这表示越来越多的需求使它越来越贵，也表示有越来越多的人要靠它来提神了，我就是。拿破仑说得好："一杯浓浓的咖啡使我死而复活，它有些苦，但却苦得让人痛快！"

最怕当然是喝到质量不好的咖啡，大文豪艾比（Edward Abbey）在 1982 年的书《随波逐流》（*Down the River*）写道：我们的文化使用两种液体，一为咖啡，一为汽油，最糟的事莫过于前者尝起来像后者！

图书馆是人类文明的缩影。我在咖啡馆里的一角喝了一杯浓浓香醇的咖啡，含在口里的却是人类 600 多年的历史，好喝！

时空分离现文明

不对称才是常态，但当不对称由个人的偏好演变成群体的风格，且在脑中形成特定的侧化时，其生物演化的含意就非常清楚明显了！

无可否认的，米开朗基罗的大卫雕像，是欧洲文艺复兴时代最伟大的作品之一，代表至高的艺术境界。当时年仅26岁的米开朗基罗用了3年的时间，以和平安详的神态，雕塑了这位圣经故事中的英雄大卫王。从1873年起，这座雕像就被置放在佛罗伦萨的艺术学院中，受到层层的保护，每年吸引了几百万名游客来看"他"！很糟糕的是，1991年，一个男性游客像失心疯一样，忽然掏出隐藏在夹克里的槌子，狠命攻击大卫雕像，把一旁的参访者都吓了一大跳。等到这名男子被抓住时，大卫雕像的左脚大拇指已被敲碎一小块，一座精美绝伦的巨作的完整性就这样被莫名其妙破坏了。

痛心之余，艺术学院找来全世界最顶尖的专家为大卫修补大拇指，也借这个机会把这座累积了几百年尘埃的雕像彻底清洗一番。修补工作终于在 2004 年完成，真是天衣无缝、几可乱真，但清洗时却发生了一段有趣的逸事。清洗工作是交由院内的艺术家很仔细的除垢、水洗，再喷上最先进的保护大理石面的特定化合物。一切进行得非常顺利，清洗过后，也真是如同刚完成的雕像一般。其中一位艺术家在欣赏清洗的成果时，非常得意地说了一段很有意思的话，大意是米开朗基罗真是观察入微，注意到大卫裸像的男性生殖器底下的两颗蛋，而且连一大一小的不对称形状都雕刻了出来，这不仅反映出他精确的人体解剖学知识，也展示大卫王是右利者的真实形象。

这个有关两个不对称形状大小"蛋"的故事，经媒体一渲染，就变成当时社交场合流行的笑话，各种身体的不对称现象也一再被报道。例如，女性的两边乳房大小不一；大多数人两手的粗细都不一样，而且力道绝对不同，灵巧度也有差别；每个人都是"大小眼"，而且左右眼的视力也常常有不同程度的远视或近视（我就是右眼 200 度，而左眼居然高达 500 度，还加上散光）；鞋店的老板更是清楚知道，每个人左、右脚的大小是不同的！

这些不对称一再提示我们一个事实，即相同的生理条件，并不意含一定会有相同的成长结果。人身体的两边虽然有相同的结构，但从小两边所要应付的环境条件是不会相同的，所以造成的

破今古之格

人身体的两边虽然有相同结构，所要应付的环境条件却不相同，各种不对称现象于是形成。观察入微的米开朗基罗注意到大卫雕像的男性生殖器底下两颗蛋，而且连一大一小的不对称形状都雕刻出来了。图片来源：GNU FDL / Rico Heil

生长结果当然也就不一样了。举个最简单的例子，有人喜欢躺在床上看书，但台灯摆在左后方或右后方，对两眼的视力就会造成不等的影响。即使是同卵双生子，各自成长历程中所遭遇的环境不同，也会使他们的个性有所差异。

以上的这些不对称是看得见的，但是这些不对称可能每个人都不相同。有人右脚大于左脚，有人左脚大于右脚；有人右眼视力比左眼好，有人刚好反过来；有人笑起来，左边唇角翘得高，也有人笑起来，右边唇角翘得高。个人的不对称很显然，但一大群人平均下来，则好像左边大（高）于右边，和右边大（高）于左边，刚好是一半一半。也就是说，上面所观察到的不对称，只有个人的不对称，而没有群体性的不对称。但是手就不同了，个人可能是左利或右利，但就一群人而言，右利较左利的比例高很多，前者大概占 75% 以上，而且左利的人通常会出现在左利人的家庭里。这种一致偏向一边的特质，加上遗传因素，就意含着是生物演化过程中天择的结果。换句话说，这个右利偏多的特质是被赋予一项特殊的功能，而这项功能和"人定胜天"的文明进展有关。

这样的论述是有根据的，而最关键的证据来自人类语言发展在大脑的侧化现象。简单地说，人类的大脑分成左右两个半球，而左手或右手的动作就刚好是交叉的由右脑或左脑所操控。人类在很早很早以前（可追溯到 4000 年前的埃及医书），就观察到大脑左半球受伤不但会引起右手瘫痪，同时也会出现失去说话能力的现象，而大脑右半球受伤，则左手会瘫痪，却不会引起失语的现象；而且左脑伤、右手瘫，同时有失语的情形，大多发生在右利人的身上；对有左利家庭史的人而言，就偶尔会出现左脑伤、右手瘫，但语言毫无损伤的现象。

这些语言功能左侧化的现象，以往只能靠脑伤病人的病例去证实。近年来，用神经造影的高科技测量，在正常人脑神经活化的实时影像中也被证实了。所以，很多研究者就把右利的发展和语言左脑侧化的演化，视为相互增强的共生体系，认为远古语言的雏形，就是利用了左脑得以灵巧操控右手的神经机制，渐渐演化而来。

那么，这个能够灵巧操控右手运动的神经机制，有何特殊的性质呢？为了寻找这个答案，研究者就先问一个问题，即出生婴儿的左、右脑半球是对称（意含相等的能量）还是不对称（意含不相等的能量）？结果是，从一开始解剖结构的观察，大多数婴儿的左脑半球（尤其是后来发展为说话的区域）大于右脑半球。较多的神经结构，当然意味着能较快处理信息，所以研究者据此推论，左脑在信息处理的时间分辨率比右脑好多了，因此就可以发展出很快把子音、元音连续排列的发音体系；而右脑半球因为没有很好的时间分辨率，就发展出较长距离的音调变化，即说话时的抑扬顿挫，同时，右脑也强化了其不需依靠时间分辨率的空间方位辨识能力。

为了证实左右脑半球分别掌控时间解析能力和空间辨识能力，研究者设计了一个很聪明的实验。他们要受试者把眼睛凝视在计算机屏幕的中间点上，然后很快地把一个英文词呈现在受试者的左视野或右视野，前者会直接反映到右脑半球，而后者则直接反映到左脑半球。受试者的工作是去辨认屏幕上很快闪过的词，然后念出来。

研究者另外做了一个巧妙的安排，即屏幕上每次只出现一个字母，分别在左视野或右视野的上、中、下三个位置。例如屏幕上先出现一个 C 字母在左（右）视野的中间位置，然后很快地消失；又出现一个 A 字母在左（右）视野的上面位置，很快又消失；最后出现 T 字母在左（右）视野的下面位置，也很快消失。

　　按照字母出现的时间顺序，这个词应该是 CAT，但如果就空间的排列而言，由上而下却是 ACT。实验的结果很有趣，同样的呈现方式，出现在左视野（右脑）时，受试者念出的是 ACT，但出现在右视野（左脑）时，受试者念出的却是 CAT。前者是依照空间的知觉，而后者则是靠时间的掌握！

　　由于环境的变化无穷，人体的不对称其实才是常态，但当这个不对称现象由个人的偏好演变成群体的风格，且在脑中形成特定的侧化现象，则其演化的含意就非常清楚明显了。语言的出现与演进，使人类超越其他动物，而创造了快速变化的文明景象。大脑皮质和皮质下许多功能的分离和连结，仍有待解谜。但有一点很清楚：有了语言，我们才有能力分析和思考语言演化与脑侧化的关系；没有语言，我们就不可能论古谈今，更不知脑为何物矣！

威尼斯人的祖先

西安地下挖出的秦俑，证实了两千多年前古长安的多元文化；由意大利北方上空往下照，看到了消失两千多年的古罗马城。考古把传说转为真相，确是动人心弦。

一个古老的城市，总是拥有许多传说，而神秘的传说，也确实会使一个城市充满了无限魅力。传说里那如真似假的故事，透过口传及笔述，让城市里的人与物都镶上一层浪漫色彩，令人务必一探究竟。否则你为什么要去西安，不是为了在华清池畔醉酒的贵妃传奇吗？你不畏辛劳，在烈日炎炎之下，挥汗跟着大排长龙的游客徐徐前进，为的不是要一睹掩埋地下千年那数百尊秦俑吗？再说，始皇消灭群雄，统一中国，完成千秋大业，其中无数的传说，如果没有考古学家东考一段、西察一节，然后连"城"万里的雄伟气势，就不会有一将功成万骨枯的哀伤，更不可能去体会那"但使龙城飞将在，不叫胡马度阴山"的悲壮了。考古学家在土地里找到证据，让传说里的故事还原，使我们所有在传说中长大的人，一旦看到那触动记忆的实物，那瞬间的感受是很强烈的心弦颤动，所以站在长城底下望去，看那山脊嶙峋，听那北风呼号，才会感觉声声都在见证传说中的苦难！

我 1983 年第一次到西安，首先赶到大雁塔和小雁塔去看唐三藏翻译的佛经，虽然所见不多，但也能让我当晚在梦中重温《西游记》里悟空、悟能、悟净的虚幻身段，也知道玄奘大师是真有其人。虽然实在讨厌故事里的他，但看到工整的佛经译文，却不得不因这一段不同文化的融合与传承，而对其本尊由衷的感佩。我当然也赶去看了华清池，当年"文化大革命"刚过，文物破坏严重，交通也不方便。那天下大雨，我们一车由美国去的考察团在烂泥中滚进了华清池目的地，周围房舍破旧不堪，但"华清池水色青苍"，在四周的断垣残壁中，显得一枝独秀。那种千年之后仍可见别于一般的华丽，才能突显出白居易《长恨歌》的乐极生悲之情。前几年又去西安，看到新近修复的华清池，在金碧辉煌的现代化重建遗址中，显得微不足道，全无幽古之思。

倒是众多秦俑的保护工作做得很好，我两次去就有两次的感动。那或跪或站的战士，为保护秦王所展示的豪气尽在脸上。但最令人赞叹的是，不同的发型，不同的服饰，不同的脸型，呈现的就是不同种族的风貌。历史传说中，汉皇帝派朝廷文官扬雄四处去探查不同民族的风情歌谣。扬雄握笔携绢，来到了长安的市场街角，聆听并登录各方人士说话的声音和语汇，最后把搜集而来的语料分门别类，集合成一本划时代的巨著，就叫作《方言》。从扬雄的《方言》中，可以想象当年熙熙攘攘的长安街头，这么多不同种族的人同在一个城市里讨生活的情景，令人憧憬。数百尊秦俑的出土，证实了两千多年前的传说，也印证了扬雄的千古之作，在考古人类学的研究上，当然是一项非常了不起的成就！

最近在欧洲城市发展的考古学研究上，也有一项"石破天惊"的成就，值得科学界的赞扬。这篇报告以极小的篇幅刊登在《科学》期刊上，但却立即引起全世界各方报章杂志争相报道，可见其发现多么引人注目，尤其发现的过程和一般考古大相径庭，是由"天"俯瞰大地。透过地上的石、土、水分布，反映出已消失的两千多年前的古罗马城；而当年住在城里的居民，很可能就是威尼斯人的祖先呢！

威尼斯是意大利的古城，而且是一个非常奇特的城市，它就建在靠近礁岩海岛的内陆上，但整座城市还是坐落在众多的水道网上。城市内的交通多是以船运为主，著名的观光景点之一就是充满浪漫风情的"情人船"（gondola）。船夫一面撑船掌舵，一面情歌绵绵，让整个威尼斯城成为多情的象征，令人留恋！它从古代到现在，一直是个艺术之都。歌剧院当然美仑美奂，但设计更是一流，歌者不必用扩音设备，就可以把歌声传到剧院的每个角落，非常符合现代的声学原理。

威尼斯滨临亚得里亚海，也一直是个商业发达的海港。莎士比亚剧本中的威尼斯，就是个有钱人居住的城市。这里的教堂很多，大大小小的教堂屋顶上都站着一位城市的守护神圣马可（San Marco）。你若留意看他手上的圣经，它是打开着的，表示这是个繁荣安居的社会。拉斯维加斯和澳门的大赌城以威尼斯人命名，是有其历史渊源的！

但威尼斯人从哪里来，在考古学上是个谜。传说里他们是真正罗马帝国子民的后代子孙，他们的祖先在公元前一世纪就已经在北方靠海的陆地上建立一个有罗马风格的城市，称为亚鲁帝努（Altinum）。它历经五个世纪的繁荣，在公元452年前后，遭到恐怖的日耳曼蛮族君王阿提拉（Attila the Hun，相传他是匈奴之后）的侵占掠夺，被大肆屠杀而残存的居民只有弃城逃向内陆，慢慢地又在现今威尼斯城的地方建立新的城市。这些传说是由威尼斯人的祖先的祖先的祖先代代相传，也由威尼斯城的出土文物中拼凑而来。然而千年来威尼斯北方靠海的地，只是一片玉米田，根本看不到一砖一瓦，传说中的亚鲁帝努城可能是杜撰的美丽故事而已，根本不曾存在过。

但科学研究有时候就是在意外之中有了新的发现。2007 年，威尼斯北面机场附近已经干旱了两年多，玉米和大豆作物因为缺水，长得干干巴巴的，有的呈枯黄的颜色，而稍微长得好一些的，也只是略呈暗红色。为了了解这些作物成长的情形，研究者就利用近红外光（near-infrared）空中照相技术，照出了整个地区的玉米和大豆作物分布图像。另有一群意大利帕度亚大学（University of Padua）的考古学者，对古罗马的城市建筑特色和主要建筑物的布局都很有研究，他们一看到这些图像，有成条状的红色分布，有各种形状的黄色图样，如果用他们对古罗马城市建筑的知识去解读，Mamma Mia！一个大城市的轮廓就显现出来了，有分开城南城北的大运河以及多条贯穿城市的小河道（因为地下是水，所以玉米呈现红色）；另外，较枯黄色（水分不够）的图形，有大方块，像是广场；有小方块，像是教堂；有圆形，像是希腊式的圆形剧场；外围有一圈黄，就像是城墙；还有通往城外的道路，那应该是条条道路通罗马的一条吧！

假如没有高科技的近红外光照相技术，这些红、黄相间的图形不会显现；假如没有从空中照下来，就看不到整个大面积的不同图像；假如没有两年的干旱，玉米也不会对水分那么敏感，也就没有红、黄的区别了；最后，假如没有对罗马建筑的了解，那

在欧洲城市发展的考古学研究上，最近有一项"石破天惊"的成就，引起全世界各方报章杂志争相报道，发现的过程和一般考古大相径庭，是由"天"俯瞰大地，透过地上的石、土、水分布，反映出已消失的两千多年前的古罗马城。图片来源：A. Ninfo, A. Fontana, P. Mozzi, F. Ferrarese (2009) "The map of Altinum, ancestor of Venice". In *Science*, Vol. 325, no. 5940, p.577; 31 July 2009.

些不同形状的图形也不可能有任何意义了！

　　那原来的城墙和各类建筑物的砖瓦石块哪里去了？总不能都风干成沙，消失不见了！原来它们都被附近城市的居民拿去做建材了，难怪威尼斯城的出土文物会有亚鲁帝努城的信息。这些传说不断的亚鲁帝努居民，借这些一砖一瓦向他们的子孙说明他们的存在，真是"阴魂不散"呀！

　　考古的证据让大地说话。西安地下挖出的秦俑，证实了两千多年前古城长安的多元文化；由意大利北方上空往下望，借助高科技的照相技术，在亚得里亚海的海岸边，找到了威尼斯人的祖先在两千多年前建立的古城亚鲁帝努。考古学者把传说转为真相，确是动人心弦。你有没有想到你在使用 Google Earth 时，可能会发现什么呢？记住，没有足够的背景知识，你是可能会对相当有历史意义的一堆图像视而不见的！如果要见之有物，还是多读点书吧！

共享意图，教人为人

哲学使我们更深刻，历史使我们更聪明，而"时代精神"也许就是从共享意图这个概念所演化出来的从众行为！

我在大学教书，对研究生的要求一向很严，学生们没有寒暑假，都留在实验室里继续干活。但到了农历年，学校和附近店家都关了，也只好让大家回家团聚，剩下我一人留守实验室。不过，我总会开一叠论文书单当作"年假作业"，希望他们利用过节会亲友的空档，以休闲的心情读一些研究文献回顾的心理科学史论文。因为我常常觉得现在学生对科学研究的历史感不够浓厚，以至于写出来的论文总是干巴巴的，只见枝，不见树，遑论见林！有一年，我又开了书单，还再三交代，年后开学的第一个周末，实验室"春酒"伺候，让大伙儿以水酒（加了很多冰块的酒）论历史一番！我看他们一个个皱着眉头（女生更是嘟起嘴来）回家去了，心里想着"不知道他们会不会一样愁眉苦脸的回来参加鸿门宴呢？"

学生们陆续回到实验室，看到他们笑得开心，精神饱满的样子，大概都过了一个好年。我逗趣地提醒他们周末有"罚酒"喝哦！他们倒是一副胸有成竹的表情，而且一齐围过来，大家手上都有一杯咖啡，博四生代表说："以咖啡代酒，谢谢老师让我们过了一个很有内涵的智慧之年。我们过年期间组成读书会，共研这些科学史论文，得到一个结论，哲学真的使我们更深刻，历史确实使我们更聪明。但我们有一个问题要请教老师，什么是'时代精神'（zeitgeist）？科学家应该很客观、很有逻辑，也以最精进的统计方法去分析所得到的实验数据，而且就数据做结论，不是吗？那为什么还会有意无意受到'时代精神'的影响呢？"

我看着这些学生们，很安慰也很感动。他们确实用心研读了年假作业，才会提出这个问题。他们看到一个时段到另一个时段的科学研究，总是笼罩在那个时段所形成的时代精神中，而那个时代的科学家，即使有很严谨的科学训练，也努力遵循客观的科学方法的规范，但在选题、取材、分析数据、解释结果，以及理论建构的方向上，主观意识却很容易受到当代精神的影响。这现象看似矛盾，但确是常态。为什么会这样？

这种时代精神的转换，在心理科学研究上是相当明显的。在上一个世纪，心理学对人性的探索就分成好几个代表不同时段的时代精神。最初是物理的机械人性论，任何心理现象都必须化约到物理向度，因此心理物理（psychophysics）的测量就是一切的准则。人性是感官的整合，而整合的表征就是自然对数的函数（log function）！接下来的时代精神不再是死板板的机械组合，而是要学习克服外在的世界，因此行为主义的环境操控论膨胀了人定胜天的自我意识；谈人性可以不论人脑那个黑盒子，反正盒子里只不过是一堆交换机罢了！

计算机出现了，人性的研究就沦为检视信息的传递系统——如何登录？如何编码？如何储存？如何分类？如何组织？如何提取？如何做决定？如何解决一个又一个的人生困境？计算机的能耐变得更大、更快、更精准，人作为信息传递系统的信号整合平台，其结构、功能和运作方式也跟着变了——单一资源的分配是序列式或平行式？多种信息如何互动？如何形成平行分布的运作体系？人性变成一堆信号，在人工智能的类比之中，研究者和被研究者都不知人性为何物了！

20 世纪的后 1/4 个世纪，认知科学成为显学，认知心理学的实验探讨人类的注意力、记忆、学习、情绪、语言（包括阅读）、问题解决及决策形成等功能，人性是这复杂知识体系的表现。有趣的是，这个知识体系的建构或维护，可能会因为脑神经受伤而有变化，而且关系又非常接近，这促成认知运作的弹性和神经的可塑性逐渐成为人们希望了解自己和成就自己的研究主题了。人类基因组图谱的完成，让心理科学研究者也开始追逐人脑图谱的可能性，20世纪90年代"脑的十年"宣言，代表的是认知科学与神经科学结合后心物合一论的时代精神。

进入21世纪，对人性研究所突出的时代精神又有了更为明显的变化，它以生物演化论为主轴，以人必敬天且须回归自然的研究方法去论述人的独特性。也就是说，想要了解人之异于禽兽有哪些，就不可以把人类文明的终极成果（例如上月球）和猩猩现有的成就做比对。我只要举一个例子，这道理就很清楚了。猩猩几十万年来生活的地区局限在同一块大地，环境变化不大，而人类的祖先几十万年前南北奔波，散布在地球的各个角落，所要适应的环境变化绝对比单一地区大得太多了，也更复杂；适应之后所形成的文化也都不一样，而不同文化之间的相互冲击，对认知能力的加乘作用是很可观的，因此现在人类的认知能力不是局限在森林里的猩猩所能比拟。

所以要有正确的答案，最好是去观测尚未被社会化的人类幼儿的认知能力，把他们和猩猩的认知能力相比较，也许就可以看出"人之异于禽兽几希"中那个"希"字的端倪了。德国的一群科学家比较两岁幼儿和小黑猩猩的几十种不同的认知能力，发现在空间认知、数量掌握和因果推论上，两岁幼儿和黑猩猩并无特别的差异。例如有两个筒子，其中一个装有食物，摇晃起来就有声响，黑猩猩和幼儿都会去找寻那个摇起来有声响的筒子。当拿到一个摇起来没有声响的筒子，幼儿会马上去找另一个筒子，表示他知道这个没有，另一个一定有；黑猩猩的行为和幼儿一样，也会去找另一个筒子。此外，黑猩猩和幼儿都一样是很好的观察学习者，他们（它们）都会因观看成人使用不同工具去除不同的障碍，进而学会以不同工具去除不同的障碍。

这些结果让大家很讶异，因为人类幼儿的脑比黑猩猩大多了，难道没有更好的能力吗？其实是有的，但并不是表现在一般的认知测验上。在另一个实验中，实验者让一岁的幼儿和小黑猩猩分别和一位成人一起玩游戏，这个游戏一定要两人

猩猩靠观察模仿而学习，但人类除了观察模仿之外，充分展现出共享意图的认知运作，更发展出主动教导的行为模式。图片来源：达志影像

合作才能解决问题。当黑猩猩和成人合作玩了几次后，成人忽然不玩了，小黑猩猩对成人的这个举措视若无睹，自顾自地玩，又因解决不了问题而玩不下去；幼儿则不然，当成人忽然停止不玩了，幼儿会用各种暗示，如眼睛盯着成人，手去拉他，就是要他一起玩，好像完全理解这是两人共同的工作，有共同的目标，而且释放出各种要求合作的沟通信号，充分展现出共享意图（shared intention）的认知运作。这在黑猩猩行为上是看不到的。

最令人印象深刻的观察，是共享意图这个概念不但是多人合作的基础，也是让人类不停去拉拢别人来和自己站在同一阵线的有力动机。一个三岁的幼儿被教会一套解决问题的程序后，再让他观看一个布袋木偶玩同样游戏，但问题解决不了，因为程序都错了，他会很焦急、很激动，而且一直试着去"教导"木偶怎么玩才对。

我用"教导"两个字，这是人类文明进展的关键所在。猩猩靠观察模仿而学习，但人类除了观察模仿之外，更发展出主动教导的这个行为模式。这是共享意图的延伸，也是人类文明得以加速进展的原动力！

为了回答同学们的问题，引出我对心理科学史的一些回想。在当时，我喃喃自语，又滔滔不绝地解说一个接续一个的时代精神的表征，我没注意到周遭的学生有没有听进去我说的这些话，但我主观地认定他们正在和我有共享意图的精神交会。我兴奋地做了一个结论："时代精神"也许就是由这个"共享意图"所演化出来的从众行为！

Part 4 取他山的巧

三心两意、广撷善缘才是科学王道

棒棒挥空，出局！

> 球速高达时速 160 公里时，每秒可以飞过 500 度视角，而一般人盯住飞行物的能耐不超过每秒 70 度，所以打到球是运气，打不到球才是正理！

十四胜落袋！王建民打虎，辛苦拿下十四胜！惊险十四胜！王建民夺第十四胜！亚洲之王，6K 伏虎！

我翻遍了各大报的专页报道，逐字阅读球赛的各项细节，欣赏报上相片栏中王建民的焕发英姿，开心了一整天。真是一幅人逢喜事精神好的写照！学生们看到我都说："老师，你今天看起来好年轻！"我举手转半身，比了一个投球姿势，同学们一看，回以捕手蹲姿，"耶！又赢了，好过瘾！"美国职棒的洋基队最近似乎变成了我的代表，输、赢都会影响精神状态！

我当然更是不落人后地加入王建民的粉丝团队，每次轮到他出赛，我就出现在有电视的朋友家（我自己家里一直没有电视），和大伙儿一起凑热闹；就算没赛程，和朋友们偶尔聚会也都不知不觉聊起"打野球"的各种相关逸事。但说来说去，话题总是会绕回对王建民投球的分析，包括出手的时间、方式与控球的稳定度等——一下子，个个都成了洋基教练团的特别顾问似的。记得在武侠大师金庸的宴席上，他也成了席上的热门话题；还有一次在某个科学教育基金会开会时，"中研院"李前院长以他当年当选手的经验，表演了投手的投球英姿，并分析王建民出手变化所造成的球速与弯曲的物理特性，让与会人士大开眼界。看来李院长也是粉丝团的成员之一，对王建民的举足投球是时时关心的。

我个人一向喜爱运动，也很喜欢观赏各种球赛。以前在美国加州教书时，会去看美式足球，有机会也去看美国的网球公开赛，偶尔也去看洛杉矶道奇队和旧金山巨人队的棒球比赛，网球四大公开赛、世界杯足球赛进行的那一个月，眼睛贴在电视屏幕上，就更不在话下了，到现在回到台湾仍是如此。但自王建民现象深入我心之后，不知不觉对棒球研究的科学论文，也开始细心钻研了。

其实，从我个人的研究专业看，美国职业棒球赛中，最令人不可思议的是打击者在面对时速超过 160 公里的快速投球时，怎么可能看到球飞到本垒上的位置而出手去打到那颗球？我以前在学校当棒球选手时，教练总是一再交代："注意投手出手的那一刻，眼睛要好好盯住球，一直到球近身时，调整好自己握棒的位置，一棒打出去！"但这一段教练谆谆之语，仔细分析起来是不可能的，因为我们眼睛的凝视点每 0.25 秒左右移动一次，根本不可能"跟住"那颗高速飞球！

也许我们可以视觉的角度来做进一步分析，就会更清楚"不可能"的原委了。当我们说一个球速强劲的投手投出时速 160 公里的高速球，这表示这颗球在 1 秒钟飞过了 500 度的视角，但一般人最快的视角移动，1 秒钟也不过是 70 度，因此从眼睛的观点而言，打击者是看不到球从投手出手到飞抵本垒之间的变化历程的。再者，一个人从举棒、转身到挥棒击球所需的时间，比投手球出手到飞进本垒所需的时间是要长很多的。所以，从物理分析上，打击者不可能目睹到球的变化，也不够反应时间去打到那个迎面飞来的球。那为什么在美国职棒中，打击纪录最糟的打击手，在面对最高速投手时，仍然有 20% 的几率可以成功打到球？纯靠运气吗？当然不是！

根据近来的研究，美国职棒选手的视觉移动角度，1 秒钟可以到达 120 度，比一般人多了 50 度，但比起 500 度还差太多了，所以他们会采取两种策略：根据眼球追踪仪（eye tracker）的分析，大部分的打击手都是盯着球到距离本垒 5.5 英尺（约 1.68 米）之处，就不再注视那颗球；另外有少数的打击手，眼睛凝视投手的出手瞬间，然后就将视线移到本垒上空，好像就已经估算出飞球将经过的位置了。从这两种眼动的策略，我们可以看到打击者是根据投手的投球姿态去估算球的落点；他们不是盯着球去计算轨迹，而是看一眼出手的球就要决定球的高低位置（因为球棒是长的，所以他们只算高低，而不去管横向的变化）。

为了测试上述看法，研究者设计了一部击球的模拟机，让打击手去试打球速由时速 116 公里到 128 公里随机变化的直线球，结果发现打击率很差，只有 0.030。但假如球速固定在只有两种变化（例如时速 120 公里和 136 公里），打击率一下子就提高到 0.120，增加了 4 倍，而且横向变化并不影响结果。也就是说，打击者在来球速度的可能性无法掌握之下，他的表现是很糟的；但当投手的一致性可以让他预估其球速时，他反而不管球速有多快了。这个结果很有启发性，投手不能只努力练好一种投球姿势，一味讲求投球的一致性，反而助长了打击者的估算能力！

看来，要成为一位优秀的打击手确实是需要一些天分，因为速度、反应和眼手协调的能力都是基本功，缺少不了，但我们也看到除了这些基本功之外，能够累积经验以正确估算投手的球速与变化，也是必要的。很多人都知道，棒球教练是所有球赛中最有参与感的灵魂人物，他虽然人在场外，但绝对是第 12 个场内选手，好的打击者必须能从教练的暗示中，得到对投手投球的球速与变化之估算指标，所以，成功的打击者真的要能够内（能力）外（经验）兼修，缺一不可！

但是对我这个心理学领域的人，最有趣的是美国职棒联盟竟然会用一套心理测验去作为选才的指标（通常是 AMI, Athletic Motivation Inventory 或 ASI, Athletic Success Inventory）。他们认为球员的野心程度、能被教导的程度和具有领导力的程度，会决定一位球员能不能由好（good）变成杰出（excellence）。华盛顿大学的史密斯（Ronald E. Smith）教授和他的同事做了一个大型研究，把这套心理测验量表所标示的人格特质和大联盟球员的长期表现，做了相关系数的计算。结果发现，成就动机、困境适应和突破压力这三个人格特质和大联盟中杰出球员的表现有高相关。他们也发现，好的打击手往往有很高的自信心。有趣的是，自信心这个人格特质在美国职业篮球和美式足球的球员表现上并不是很重要，这反映了棒球打击手的情境——这是我和投手之间的较量，与旁人无关！也就是说，打不打得到球是我个人的信心问题，旁人是帮不了忙的！

最近因为阿民所引起的棒球热，我发现很多科学家谈起棒球都各有一套理论。物理学家说外野手根据他和本垒的角度，加上被击出球的加速度，计算出球的落点，然后跑到那个位置，再

从两种眼动的策略，可以看到打击手是根据投手的投球姿态去估算球的落点，看一眼出手的球就要决定球的高低位置。至于外野手，物理学家说根据和本垒的角度，加上被击出球的加速度，计算出球的落点，跑到那个位置，抬头把球接住；生物学家说狗追飞盘也是根据角度和加速度，蝙蝠也是用同样的方法捕捉飞虫。那利用同样算法的机器人呢? 图片来源：iStockphoto/kirstypargeter

抬头把球接住；生物学家说狗追飞盘也是根据角度和加速度，蝙蝠也是用同样的方法捕捉飞虫；而我一位在加州大学圣芭芭拉分校的机械人专家朋友干脆造出一个机器人，用同样的算法（algorithm），根据角度和加速度去计算落点的位置，但见球一击出，机器人真的就跑到正确的位置上，等待球落下来! 叭的一声，机器人被打翻了! 因为忘了装上接球的手和手套。当然我的朋友没有告诉我们，即使有机械手和手套，要能接到球，也是很困难的了!

姓啥名谁，大有干系？

名字虽是身外之物，但一生长相随，终日"耳鬓厮磨"，建立的感情既深且厚，又融于无形，对个人的行为常有不知不觉的左右之功。

名字是一个人最贴身的附加物，是父母亲为了方便以及对初生婴儿一生的期许而给予的称呼。方便是为了区辨的目的，一声轻唤，就能在一群人当中有呼必应，建立彼此的联系，而不会一呼百诺，私密话就难传了，所以很显然的，区辨的效力来自名字的独特性。另一方面，父母亲为了给儿女一生的祝福，在我们的文化里，就会特别选择文字中含有美好字义的音节，以单一的方式（如仁、义、煦、美等）或双字搭配的方式（如有仁、信义、诗涵、佳颖等）来期许婴儿一生的美好与志向。至于招弟、罔市则是盼望有个儿子的父母以谐音方式去祈求老天赐儿孕男的愿望。然而人间事虽然复杂，大家对幸福的向往总是人同此心、心同此愿，所以名字相似的情形就难免不了。人口越多，名字的区辨力就越低，在越来越复杂的现代社会，就会造成许多"名实不副"

或"冒名顶替"的现象。

我的名字有三个字，第一个字是"曾"，代表家族的姓，表明我是曾氏宗亲的一员。在中国台湾，以曾为姓的人不少，居排行榜第17位，也就是说，和我有血缘关系的人不少，所以曾氏宗亲会在台湾就颇有声势。我名字的第二个字是"志"，又是高居常用名字排行榜的第25名，因此我会有很多很多像是兄弟辈的"曾志×"散居各地！其中，志豪、志伟、志明、志宏、志浩等真是多得不得了。还好，我父母给了我最后一个"朗"字，使我名字的独特性一下子就突显出来，区辨力也高到可以让人一目了然。当年我参加大学联考，榜单上只有一位曾志朗。因为长久以来只此一家，别无分店，经验法则告诉我，那大概是我，不会错的！但我爸爸朋友的女儿叫陈雅婷，名字重复出现在各大学好多系所的榜单上，她老爸逢人都说女儿考上最好的大学，大家也都相信不疑，好多年后，才知道其实那年她名落孙山。我们都被名字给糊弄了！

这样的故事在中国大陆做事的人一定很有经验，因为大陆人口十三亿，能用的姓却只有几百个，加上喜欢用单名，同名同姓不胜枚举。一声"张敏"，一句"王强"，可能随时随地都会有一大堆人回应。所以，选才用人，不得不戒慎恐惧。我一位从台湾地区到杭州经商的朋友就说，看学历、查证照都要特别小心，因为冒名顶替太容易了！有人开玩笑说，现在中国大陆什么都不缺，只缺"姓"！很有道理吧?!

其实，名字虽然是身外之物，但一生长相随，终日"耳鬓厮磨"，建立的感情既深且厚，又融于无形，对个人的行为常有不知不觉的左右之功。最近在美国有一个非常有趣的研究，结果令人感到不可思议，因为一个人的名字居然会影响职棒

为了给儿女一生的祝福，在我们的文化里，父母总会特别选择文字中含有美好字义的音节，来期许婴儿一生的美好与志向。
图片来源：达志影像

选手的打击，也会影响大学生的学业成绩，而且研究者进一步在实验室中操弄相关的变项，竟然可以建立相当准确的因果关系，称之为名字字母效应（name letter effect），可以用来解释为什么 Toby 比 Jack 更可能搬到 Toronto，更可能买一部 Toyota，和更可能和 Tonya 结婚；而 Jack 比 Toby 更可能搬到 Jacksonville，更可能买一部 Jaguar，以及更可能和 Jackie 结婚。

美国人写名字，姓和名的第一个字母都要大写，因此缩写时

就会以两个或三个大写字母代表，例如 Ovid Tzeng 就会变成 O.T.，所以美国职棒的百年记录中，球员的名字都是以姓和名的第一个大写字母来代表。仔细比对 90 年来打击者被三振出局的记录，姓名字母中带有 K 的打击者被三振的次数竟然高于没有 K 的选手［18.8% 和 17.2%，$t(6395)=3.08$，$p=0.002$］，而且三个字母都是 K 的选手（Karl、"Koley"、Kolseth）比有两个 K 或一个 K 的选手更可能被三振出局。因为三振的英文是 strike out，但一般都用 K 表示，所以上述的相关就非常有趣。难道姓名字母带有 K 的选手太习惯于 K 的昵称，因而对 K 所代表的负面意义就不会那么在意了？

如果真是这样，那么学业成绩 A、B、C、D 会不会和学生姓名字母中的 A、B、C、D 有相关呢？研究者在一所私立大学的学生成绩数据库上比对了 15 年（1990 至 2004）来的学生成绩记录，结果和上述职棒中的 K—K 相关很类似，姓名中带有 C 或 D 的学生，学业成绩平均点数（GPA）都比没有 C 或 D 的学生差得多；但姓名字母是 A 或 B 的学生，学业成绩并没有比不是 A 或 B 的学生来得好。这表示成绩好需要额外的努力，但相反的，只要懒散一点，就可以使成绩变差。莫非姓名字母中带有 C 或 D 的学生太习惯于 C 或 D 的字音，对其负面的字义也就不太在乎了？

研究者用另一种方式来加强上述相关研究的可信度。他们检视美国律师公会的律师历程，比对他们毕业的法学院排名，也发现姓名字母有 A 或 B 的律师，比较可能来自名校！

职棒的三振记录、大学生的学业成绩及律师的毕业学校是三个相当不同的数据来源，但它们呈现非常相似的名字字母效应。然而，这些都是相关的统计，不太可能建立因果关系，因此研究者就设计了一个实验，让每个受试者的姓名字母和解答字谜作业所得到报酬多寡的标示字母，有时吻合，有时不吻合。实验结果显示，受试者的姓名字母会影响受试者是否在意报酬的指标，尤其是在姓名字母和低报酬指标的字母吻合时更为明显。证实了人对自己姓名的字母太习惯时，反而会对那字母的负面意义视而不见、听而不觉！

英文的名字字母效应可以应用到中文姓名吗？如果也有同样效应，那么改名字有什么不好？只要不是因为算命的拿个人名字和八字做文章，改个名字又何妨？但根据这样的心态去改名，和算命的算笔画改名，到底有什么不一样？我们那些改了名字的朋友们，他（她）们会因此改变行为的模式吗？有什么样的中文数据库可以让我们得到比较可靠的数据呢？

也许，名字字母效应所显示的不只是姓名如何影响我们的行为，更重要的是它指出了"溺爱"和"宠坏"心态的缘由。我们常常看到父母亲对自家小孩的脱序行为视若无睹，甚至还会怪周遭亲友小题大作。在社会互动的集体行为中也有同样的现象，当我们的意识形态越来越往某个方向趋近，我们就不知不觉地忽略（或原谅）那个方向里的种种恶行。在这里，我以名字字母效应提醒我们自己，小心宠坏了自己或喜爱的人！

M 的启示

由口腔到口语，到脸部表情，到脑神经活动，科学家整合了各种证据，带给我们的领悟是，为人之道在——口德！

"看到了英文字母 M，你会立刻联想到什么？"我把这么简单的一个问题，抛给周遭的亲朋好友和来上我课的学生们，得到了好多有趣的答案，有些真是我从来没想过的，但它们的确反映了不同年纪、不同时代，以及不同社会背景答问者的各种心思与经验。猜猜看，在我所问到的答案中频率最高的会是什么？哈！您猜对了。"麦当劳"（McDonald's）是最多人一听就冲口而出的实时反应，而且无分老少，男女皆然！其次是"妈妈"（Mother），也是不分男女老幼的共同回忆，反映的似乎是所有人的"恋母情结"。再来呢？"钱"或"Money"也是不少人脱口而出的字眼，但集中在中年以上的上班族和家庭主妇，这也许是金融危机之下，担心减薪，担心失业，或担心就业无门的潜在焦虑！

集体的反应，当然反映了当今社会的现实面，但五花八门的个别化反应，却让我们得以一窥他们的生长背景、喜好及所关心的事物。例如，有好几位 60 岁上下男性的共同回答是"玛丽莲·梦露"（Marilyn Monroe, MM），而且带着一副憧憬遐思的眼神，像是勾起了对年轻时代风流逸事的回想；可是 50 岁左右的男性就不再是 MM 了，换成"麦丹娜"（Madonna）啦！但 M&M 对几个女性朋友而言，唤起的不是那位金发艳星或那位百变歌手，而是甜甜蜜蜜的巧克力，说出来的时候，嘴角还加上咬一口的动作。真是的，怪不得双下巴都隐隐浮现了！

和我一起打球的杨医生一听到我的问题，马上就想到奔驰车，原来是 Mercedes 的崇拜者；倒是有一位年轻朋友的奔友说："看到大 M，就想到 pizza! 因为刚看了'Mamma Mia!'的歌舞剧电影，想到了意大利，就饿了；但如果看到一连串小写的 m m m m……就越想越爱睡！"为什么？原来还是个漫画迷哩！

小孩子们的反应更有趣了，当然大多数的第一个反应还是麦当劳，但有"山"（Mountain），有"水"（像瀑布），有"音乐"（Melody），有"妹妹"，有"米菲兔的耳朵"，有"微笑的眼睛"，有"教堂的屋顶"……还有，最绝的是"屁股"！我问那个理着齐额短发，有着两道浓浓眉毛、一对黑眼珠骨溜溜盯着我看的男孩："为什么是屁股？不是颠倒过来了吗？"他小嘴一撇，一脸"连这个都不知道"的表情，接着才说："蜡笔小新啦！"

我一肚子狐疑，不知道他在说什么，不过看到他旁边的小朋友们七嘴八舌的比画来比画去，还一齐点头肯定，我想我们是有很大很大的代沟啦！

科学家的反应会是什么？其实他们和一般人的答案都差不多，很少会出现专业术语的反应，但确实偶尔会有一两位科学家蹦出来的答案竟然是"公尺"（Meter）这么一个无聊的词汇，让我也忍不住想要大喊"Mamma Mia"！倒是有一个反应，值得我们深思，因为它出现在为数不少的教授群中。那个一再出现的反应居然是"道德"一词，是由 M 到 Moral 而来的联想。我并不很惊讶，因为世风日下，传统社会价值逐渐溃退的这一刻，在许多教育工作者和科学界知识分子的潜意识里，已经埋有一呼即出的道德危机感了。我虽然也暗自等待这答案，却也没想到，一个玩笑式的简单问题，竟然会引爆众多知识分子对当今世局的潜在看法，而所反映出的唯一救赎意念，就是道德，道德，道德！

教授们对社会风气的担心，我是很认同的，因为这几年学界对研究者养成教育中的诚信原则也非常重视。近年来，国际科学理事会成立了一个特别委员会"科学行为自由与责任委员会"，关心的重点就是研究诚信（research integrity）的培养和经常的提醒。看来品德的议题，已经是全球学术界的共识了。

　　我坐在书桌前，信手写了个大大的 M，然后再慢慢填上 oral，白纸上出现了 Moral。原来，道德（moral）和口腔（oral）有如此接近的"血缘"关系，只差一个字母而已！怪不得我们经常听到人们以口腔对食物的好恶感作为隐喻，去比拟行为是否合乎道德的标准。例如西方的谚语中有一句话很传神，用来批评别人的行为不端："leave a bad taste in my mouth"，直接就把不道德和口腔的厌恶感画上等号。

　　看到英文字母 M，你会想到什么？不同的联想，反映了不同年纪、不同时代，以及不同社会背景答问者的各种心思与经验。图片来源：许碧纯其实，我们汉语中也有很多类似词汇有相同的比拟，如我们吃到"不洁"的食物就急着要"吐出来"！我们对别人满脑子泯灭良心和伤风败俗的念头，会贬之为思想"很脏"，要"唾弃"之！看到苍蝇飞到食物上，我们就感到"反胃"；看到一个人行为有污点，我们连连说："真恶心！令人作呕！"听到有人口出秽言，我们也会"咽不下"这一口气，还要对方把话"吞回去"！最好玩的是，我们看到包装美丽但已腐烂的食物，还是忍不住"捏住鼻子"；而我们对道德有瑕疵却自命清高的人，则是"嗤之以鼻"！

以上都是负面的比拟，当然也有正面的隐喻用法。例如形容一个道德高尚的人，我们会称赞他人格"极品"，那你如果想吃最美味的菜肴，会去哪里？当然是"极品轩"啰！所以你现在应该知道，描绘一个人的人格特质中具有"品味"一词的来源和用法了吧！

说了半天的口语道德说，好像有些"言"之成"道"的看法，但有更直接的科学数据来佐证由 oral 到 moral 之间的关联吗？其实，最近一期的《科学》杂志就报道了这样的科学证据，而我上述那些 M 字母联想的延伸也由此而生。加拿大多伦多大学的一组科学研究者，让受试者看一些各类主题的照片当做控制组，然后也让他们看一些食物被污染的照片作为实验的操弄。结果当然是后者会引起受试者表现出极度厌恶的脸部表情。研究者是用很客观的方法，检视表现这些表情时所动用到的肌肉的活动程度，作为比较的基础，再比对这些数据所得到的实验结果。

研究者再让受试者参加一个金钱竞赛的游戏，让他们在游戏中经历一些分配不公平的事件，引起他们的不快，然后用上述客观的方式去测量因不公平所引起的不快表情及其脸部肌肉活动的强度。结果发现，两者所引起的不愉快表情几乎是一模一样的，而且强度也差不多！最有趣的是，在美国宾夕法尼亚大学的保罗·若仁（Paul Rozin）教授还为这篇论文写了一篇评论，题目就用"From Oral to Moral"，更提出了两者反映的脑部活动也是在相同部位的证据！

由口腔到口语，到脸部表情，到脑神经活动，科学家整合了各种证据，提出了由 oral 到 moral 的演化论述，靠的只不过是 M 这个字母的启示！也就是说，从口腔的生理发展到抽象的道德理念，虽经历几个曲折，M，完成的却是人类文明最重要的一项社会规范，道德！

从 oral 到 moral，这一字母之差，让我对生活上的一些口语现象，有了恍然大悟的欣赏力。但我更深的领悟是，为人之道在——口德！同意吗？

热，火大，别惹我！

棒球真是几率的游戏，更是反映人性的场所。

我以前曾经说过："巧合的 n 次方，还是巧合！"因为人世间，实在太复杂了。人来人往，物换"心"移，生物现象变量很多，人心的感受更随时空之转换而有不同，所以各项可能的变量恰恰好凑在一起，就会产生类似神迹式的巧合。其实就社会事件的发生率而言，巧合不过是代表统计数字里一小串可能发生的连结罢了。这是理性思考：凡有可能，就会发生；一旦发生，就淡然处之吧！

话虽这么说，但人是不是理性动物，在哲学上一直就是个有争议的议题。不过，科学界从个人决策行为的研究上，却越来越趋向否定的结论，而且认知神经科学家以功能性磁共振造影（fMRI）的方式观察脑内变化，也看到了决策行为的两种不同神经回路，代表着理性和非理性的思维方式可以同时并存。所以，即使是平日以严谨思考著称的科学家，偶尔也会不小心陷入主观意识太强而无视众多反面证据的情形。评论者就会以宽容的语气说:"唉!科学家也是人嘛,难免会犯错!"

我是科学家,平日讲究证据为主的思维方式,但碰到一连串巧合的事情,虽不疑神疑鬼,却也不免心绪不宁。两个星期前,我去参加棒球界元老陈润波先生的丧礼。他是我数十年前在"政大"棒球队时的教练,也是位非常善良、专业知识又非常丰富的选手。在 20 世纪五六十年代,是台湾地区和日本间最佳的游击手,前日本巨人队监督王贞治教练就称他为卓越的棒球先生。我在丧礼上看着他的遗像,想起他当年从合作金库棒球队退休之后,不计薪资微薄,到"政大"来当球队的教练。

我被选上校队,但绝对不是可造之材,只是很喜欢运动,而棒球是从小在乡下田园球场滚动取乐的游戏!陈先生在"政大"当教练很认真,炎日当头要练球,雨势不大也要练球,而且盯我特别紧。有一次我被他操练得很累,就问他为什么对我这个不可能成为大选手的球员如此用心。他说:"那些有天赋的选手,不需要我教,我只要轻轻指点,他们就懂就会了。你呀!没有一流选手的身手,却有欢喜随着球滚来滚去的热情,打得到球,却打不远;接得到球,却传得不够快!这些都可以训练,我看着你进步,很开心!你这种不上不下的球员,才是需要我教的!"这一番充满教育理念的话,我至今忘不了。最好的老师是能把"不上不下"的学生教好的老师！

一个星期前，棒球协会为回应棒球总会所发起的"棒球重返2020奥运"造势记者会，邀请我参加，我旁边坐了一位日本来的客人，透过翻译，知其原来是日本棒球杂志的编辑。他告诉我陈润波先生生前为他们的杂志写专栏，在日本非常受欢迎，而他个人最喜欢陈先生的教育理念，就是让"不上不下"的球迷不"中辍"！我说，我就是那些不上不下的球迷之一，而且很骄傲地告诉他："陈先生曾经是我的教练！"巧吧！

真是无巧不成书，几天前，我晚上睡不着觉，就在床头一堆书里找到日本推理小说家宫部美幸的首部长篇小说《完美的蓝》，连着几个夜晚，一口气看完。它讲的是棒球投手的故事，里面提到投手达成"完全比赛"的不可能性，以及一旦达成后的荣耀和欢欣。小说情节的铺陈虽然有点鸳鸯蝴蝶派，但对棒球赛事里错综复杂的种种人际关系有很清楚的描绘，译文也很流畅。最棒的是书末一篇由推理小说电子报主编纱卡写的解说，写得好极了。其中作者的一段话马上吸引了我的目光，他说："资深棒球人陈润波曾说：'棒球是几率的游戏。'棒球运动的确重统计数字，并以此来评论球员的表现，诸如打击率、自责分率、守备率……"

投手投触身球的几率和天气热的相关，其实是有条件的。什么条件？就是我方队友在前几局的打击，曾被对方投手的球"招呼"到身体的时候，就容易引起我投手也产生投触身球的倾向。换句话说，就是报复心理在作祟啦！图片来源：达志影像这段话也勾起了我想到陈润波先生常讲的另一句话："棒球场上反映的是人性百态！"真的是很有启发性。我倒是觉得很巧，最近怎么一直碰到棒球有关的议题，而且都以陈润波先生的人生哲理为核心。无独有偶，我周日回到实验室，打开最新一期的《心理科学》期刊。妈妈咪呀！引我入目的第一篇论文竟然是有关棒球场上的人性研究，谈的是天气热，引发投手的心头之火，就容易投出为受难队友报复的触身球。"冥冥之中"，我好像被棒球的引力给吸住了，到处看到"它"的影子！

这篇论文真的很有趣，研究者充分利用美国职业棒球队对每一场比赛巨细靡遗的记录，包括当天的气温。他们检视了由1952至2009年美国职棒联盟对111084场赛局的记录，然后分析当天的气温和投手投触身球的次数是否有相关。结果发现，气温越高，投手投出触身球的几率就越高。好像天气热了，投手真的就容易浮躁，球就这么不受控制往打击手身上偏过去！

再仔细检查数据，发现事情不是这么简单。投手投触身球的几率和天气热的相关，其实是有条件的。什么条件？就是我方队友在前几局的打击，曾被对方投手的球"招呼"到身体的时候，就容易引起我方投手也产生投触身球的倾向。换句话说，就是报复心理在作祟啦！更有趣的，天气越热，这种报复的心理越强，而且还会因为我方被对方投手触身球打到的次数变得更为强烈。

但是天气热，选手们汗流浃背，当然期望比赛赶快打完，大家尽早回去休息，一旦投触身球，让对方保送上一垒，就会延长比赛时间，所以理论上到了最后一局，报复的心理也许就会被希望早点结束以免给热坏的心理打消掉了。事实上，数据库的记录很清楚地显示，这个假设是错的。天气再热，只要投手的报复心理已经因自己队友曾被打到的事实引发了，就算是最后一局，也不会因为怕延长比赛时间而打消投触身球的怒火！

在一连串的棒球巧合机缘之后，又巧遇这篇棒球相关的论文，其研究的结论真是印证了陈润波先生的话："棒球是几率的游戏，更是反映人性的场所。"也许是棒球先生要提醒我这位不成材的学生，要学会修养，尤其夏天到了，天气越来越热的时节，更要按捺心头的火爆，控制自己的情绪，这样就不会看什么都不顺眼了！更要记住：热，火大，别惹他（她）！

心里有"数"的时间相对论

是快似飞梭，还是慢如流水？人类对时间的知觉为何天差地别？

生活中充满了矛盾的现象，这好像是个生命的常态。对于同一件事，因为个人背景，或概念的角度，或记忆容量的多寡，就会产生完全不同的诠释。罗生门的故事就是个有名的例子：不同的人对过往事件的描绘，竟然会南辕北辙，莫衷一是。我们可以说，事件的真相难明，乃由于不同的人的不同取样，以及复述时过多本位的粉饰所引起，实在不必大惊小怪，虽然这些没有欺骗意图的矛盾，经常带给法官判案时非常严重的困扰。

在复杂的社会现象中做个人的认知取样，当然会产生各有所本的差异，但对物理向度的知觉也会产生类似的矛盾吗？我们总不会把一公尺看成比两公尺长吧？也不该感到一公斤棉花比两公斤沙土重吧？更不会感觉一小时过得比两小时久吧？但是一公斤棉花抬出来是一大袋，比起两公斤沙土的一小袋，是会扭曲重量的感觉的。对时间间距的知觉更是如此，否则怎么会有人一方面说"光阴似箭"，一方面又说"度日如年"呢？想念情人时，是"一日不见，如隔三秋"；开一个无聊透顶的会议时，不但坐立难安，而且短短一个小时的会议，却"感到"两三个小时都过了，怎么还没完没了？

我们的研究群针对时间知觉的相对性，进行一系列实验。其中一个研究由"中央大学"的吴娴副教授领军，完成时距感知和复制的两个实验，结果不但证实了人类对时间知觉的相对性，而且发现只要心中有"数"，数字的大小就会自动介入时间知觉的记忆历程。显示在认知系统的演化过程上，量和时有共生的源头，且代表量的数字也和时间的向度水乳交融，都是一家人。

这个研究结果很有趣，对人类认知系统如何组合不同物理向度，意义深远。论文写好后，很快被国际心理科学学会的旗舰期刊接受，而且获选为重要发现，主动发布新闻稿。这个殊荣来自实验心理学最重要的专家团队的肯定，实在令人感到骄傲。

到底是什么样的实验步骤和结果，引起这些一流科学家的重视和注目呢？让我们来看看这两个实验的操作情形及其结果吧！

首先，我们请受试者坐在计算机屏幕前，屏幕上会呈现一个又一个画面，如实验一（如下页图）所示。第一个画面是个"＋"，表示要开始一串新的系列画面了。隔了 800 毫秒之后，会有一个数字出现，可能是"1"或"2"（属于较小的数字），也可能是"8"或"9"（属于大的数字）。这个数字呈现的时间不一定，可能是300、450、600或750毫秒任一种，作为受试者在随后的作业中要去复制的时间长度。

这个作业出现在1000毫秒之后，屏幕上会出现一个英文字"NOW"。受试者一看到这个字，就必须开始反应，以手指头去按键盘中的数字键"0"，屏幕上就会出现一个绿色光点；当受试者感到自己已经完成复制标准刺激的时间长度后就可以放开，绿色光点也会跟着消失。这就构成一次时间间距感知和时间间距复制

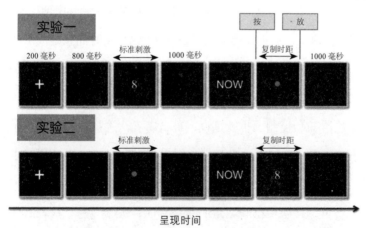

只要心中有"数"，数字的大小就会自动介入时间知觉的记忆历程，显示出在认知系统的演化过程上。量和时有共生的源头，且代表量的数字也和时间的向度水乳交融，都是一家人。图片来源：曾志朗

的"尝试系列"（trial）了。例如，在"＋"之后，出现"8"，呈现450毫秒，当屏幕闪现"NOW"时，受试者就必须赶紧用手指按住"0"，此时屏幕上会出现绿色光点，一直等到受试者"感到"已经按了450毫秒，就可以放开按键，绿色光点也会随之消失。

每个受试者要做320次尝试，包含每一种实验情境（四个大小数字、四种标准时间长度）都要经过20次。当然，受试者所复制的时间长度都由计算机自动登录，成为基本的数据。

经过统计分析，数据显示受试者是有能力分辨标准刺激呈现的时间长度，因为他们复制时间的长短和标准刺激呈现的时间成正比。有趣的是，他们的复制时间也受到数字大小的影响。当数字呈现的时间一样时，数字大（8或9）的复制时间总是大于数字小（1或2）的复制时间。这个结果指出，在实验的操作中，毫不相关的数字，只要呈现在屏幕上，其大小就会影响受试者对时间间距的感知和复制。也就是说，受试者无法选择性的忽略这个不相干的数字，而是主动把它融入对时间间距感知的整个历程中！

也许有其他研究者会立刻反驳，认为这结果并不稀奇，因为受试者可能在做按键和数量的直接对应，数字大的就按得时间长一点，小的就按短一点，那是独立于时间知觉之外的运作。为了排除此一现象，我们又设计了第二个实验，程序和受试者要做的作业几乎与实验一完全相同，但稍做变化，如实验二的一串画面所示。标准刺激不再是数字，而是绿色光点。接着，在"NOW"出现之后，受试者一按"0"键，屏幕上会出现一个数字，可能是"1"或"2"（小的数字），也可能是"8"或"9"（大的数字）。受试者在完成时间复制之后，立即把手指抽离"0"键，屏幕上的数字也消失了。

结果呢？假如数据分析所得的反应形态和实验一是一致的，就符合"按键—数字直接对应"的看法，那么我们所提出的数字与时间知觉的融合说就无法成立了。但所幸，实验二的结果和实验一的结果不但不一样，而且恰恰反过来：数字大的，复制时间变短了，而数字小的，复制时间变长了。最佳的解释是受试者一按"0"键，看到数字，它的大小直接干扰了受试者对绿色光点所呈现时间长短的复制反应，使他对数字大小所造成的错觉去做"补偿"，数字大的，他尽量缩短，而数字小的，也反过来拉长了。实验一和实验二在呈现数字的操作上稍做改变，却得到完全相反的结果。若有批评者，面对这样的数据也只能哑口无言了。

对时间、空间的知觉和记忆复制，是人类和所有动物最重要的生存要件。从精致设计的实验，慢慢去厘清它们的特性，绝对是科学上的一件大事。

据说，1905 年 5 月，年轻的爱因斯坦在瑞士伯恩的专利局（现在已成为他的纪念馆）工作时，很兴奋地对他的朋友贝索（Michele Besso）说，他可能已经解决了物理研究的一个大问题，解决之道就在于"分析时间的概念"。他提出新的时空理论，认为"我们无法从绝对的角度去定义时间，时间和信号速度之间也有分不开的关系"。这狭义相对论使他成为上一个世纪最伟大的科学家。

一百年后，我们也在设法分析人类对时间感知和复制的特性。这一百年是快如飞梭，还是慢如流水呢？视心境是否愉悦，看个人对这一百年来的人类成就是否满意，答案应该会不同吧！

Part 5 开心思之窍

破解谜中谜：心／脑科学不思议

知足常乐一念间

　　人不太能多方考量相关事件的多重可能性，总是很自然的不停的在比对某一事件的现在和过去，这反映了人脑的一个特性：脑是个对变化很敏感的侦测器。

　　几年前，我到美国开会，途经纽约百老汇。来到音乐剧圣地，哪能错过？下塌的旅馆转角处，刚好有家剧院，大大的广告牌上，一个身穿白纱礼服的女孩笑得很灿烂，惊呼"妈妈咪呀"（Mamma Mia），看来颇为有趣，当下就掏出口袋里的钱买票进场，看了一场充满欢乐活力的音乐剧。这部戏巡回全世界，引起很大轰动，八月底也巡回到了台湾地区，我的学生热切讨论，开演前的几个月就买好票，上演前几天听到他们兴奋讨论，但其中一个学生却愁眉不展，细问之下，原来他的票掉了。

　　看他一脸郁闷，我说："来来来，我问你们一个问题，希望你们仔细想想，然后告诉我答案。"

　　你口袋里有两张千元钞票。

　　A：你正要赶到剧院，去看一场期待已久的表演，票价刚好是一千元。到了剧院门口，你伸手一探，发现口袋里只剩下一张千元钞票，另外一千元不知道掉到哪里了！懊恼之余，你会用剩下的一千元买票吗？

B：你很想去看一场期待已久的表演，票价刚好是一千元，因为怕买不到票，所以你一早就先跑去买票，随手和另一张千元钞票一齐放在口袋里。表演快开始了，赶到戏院门口，你伸手一掏，发现口袋只剩下一张千元大钞，票不知道掉到哪里了！懊恼之余，你会用这剩下的一千元再买一张票吗？

我没有做统计，因为看他们的表情就知道，和大多数的人一样，在 A 的情况下，虽然心疼，还是会倾向拿出剩下的一千元，买票去看表演，心里的不舒服很快就过去了；但在 B 的情况下，很多人选择不看了，因为他们不愿意"再"花一千元去买一张票。进一步问他们不愿意再花钱买票的原因，大多数人会告诉你，票好像变贵了，要花一倍的钱买同样的票，他才不干呢！

但这不是很怪吗？从经济的实质面而言，在 A 情况下，不也是要用加倍的钱买同样一张票吗？最终结果都是要花两千元去看一场表演，而且到了戏院门口时，口袋里都只剩下一千元，那为什么在 B 的情况之下，这一千元就变得十分沉重，掏不出来呢？

如果我们再把 A、B 两个情境仔细比对，则造成两者心理负担有所差异的原因似乎就呼之欲出了，答案应该是对剩下的这一千元的主观价值，在 A、B 两种情境下发生了变异。在 A 情境下，剩下的这一千元的主观价值还是一千元，和掉了的那一千元没有不同，就是一般的一千元；但在 B 情境下，剩下的这一千元的主观价值变了，如果把这一千元拿去做别的事，它还是平常的一千元，但拿去"再"买一张票，则主观价值就把丢掉的那一张票的票值也一并计算在内了，因为此时价值比对的主体是"票"，而不是一般的一千元。

让我再来说明另一个实验的安排与其结果，就会更清楚看到主观比对的对象发生变化，个人的喜好倾向也会跟着改变！这个实验是哈佛大学一群社会神经科学家合作研究的一个项目，研究者让一群大学生受试者坐在一个放有很多食物的房间里，请他们看看这些食物，并写下对这些食物的喜爱程度；写完之后，就实际去品尝这些食物，再凭真实口感写下喜爱的程度。

实验者又做了一些额外的布置，改变了实验室的情境。在第一种情境里，受试者房间的食物和之前一样，但在隔着玻璃的隔壁房间里摆了一些看起来很好吃的巧克力，受试者看得到却吃不到；在第二种情境里，隔着玻璃所看到的食物却都是一些很粗糙的罐头食物。受试者仍然只对自己房间里拿得到、吃得到的食物先做预期的喜爱评估，再做吃下去之后的口感喜爱度评量。

结果真的很有趣，当隔壁房间出现的是包装精美的巧克力糖，受试者对自己房间里的食物的喜爱度预估值明显降低；但隔壁房间出现的是粗糙的罐头食物时，受试者对当前食物的喜爱预估都明显提高了。也就是说，主观比对的对象变了，个人对当前事物的价值判断也跟着改变。这实验还有一个更重要的结果，即虽然个人的主观预估会受到隐含性比对对象的影响，但实际入口后的口感却一点也没有变化。换句话说，影响预估行为的那些想象的比对对象，已经被现实的对象所取代了，受试者这一口咬下去，食物的口感的比对对象不再是对巧克力的美好想象，也不是那些粗糙的罐头食物的不良印象，而是自己对当前食物的以往记忆的比较。比对的对象（不管是真实还是虚拟）变了，喜好也为之改变！

这一种因为比对对象的转变而引起的情绪反应，在日常生活中经常可见，让我们产生许多很不合理的行为。例如，一个人走过一家百货店，看到大减价，一张 CD 由 300 元降为 250 元……就会有驻足、观看、购买的冲动，觉得自己省下了 50 元，但如果他很理性的多跑几家，则会发现和别家比起来并不见得便宜。所以，古人才会有货比三家的智慧良言，经济学家也会强调，合理的价值应产生在对"其他"可能性的通盘比较，但大部分的消费者就是很难做到要有全盘考虑其他可能性的理性思维。

也许碍于记忆容量的不足，或安于习惯的行为模式，大部分的人没能（或不顾）比对其他的可能性，总是把比对的对象拉回自己所熟悉的记忆事件中，所以看到大减价，当然觉得300元降到250元，"我"赚了50元呢！更糟糕的是，听说东区在减价，就可以从西区开车飞奔过去，买了要买的东西，省下50元，心里好开心，但忘了来回开车的油钱可不止100元。如果你提醒他们这一点矛盾，多数人倒是一点也不介意，反而会告诉你，买CD和开车是两回事，不能混为一谈，而且我本来就要开车的嘛！其实由东区到西区，好远的路，平常他是不会来回开着玩的，如今为了使矛盾的行为合理化，就胡乱掰起来了。

很显然的，人不太能多方去考量相关事件的多重可能性，他们倒是很自然地不停地比对某一事件的现在和过去，这其实是反映了人脑的一个特性：脑是个对变化很敏感的侦测器，对特定事件的变动感应很快，重视的是现在和过去的比对，所以对不变的事件很快就没有感觉了。我们的视神经如果一直反应同一静止物件，很快就对那物件视而不见，只有眨一下眼睛，才会再看见。嗅觉也是一样，入芝兰之室，久而不闻其香；入鲍鱼之肆，久而不闻其臭。听觉呢？对重复的音节（如 dress, dress, dress……）一下子就失去意义，然后自己会听到各种变化，不再是 dress, dress, dress 了，而是……（卖个关子，自己做个实验去听听看吧！）

因为脑这种不停在寻找对比的特性，比对的对象就影响了我们喜怒哀乐的情绪，这时候，预期值和现实的差距会决定一个人是否快乐和满足。很多拼命工作的助教，一心追求升副教授、正教授的那一天赶快到来，因为预估的价值很高，总觉得升等之后一定快乐得不得了！但问问正教授，他们现在快乐吗？满足吗？大部分人的答案是："没有什么！"

很多人不能理解，为什么在联合国的调查报告中，不丹的国民对生活的满意度评价最高，而生活在发达国家的人民，走在科技尖端，物质的享受一流，对生活的满意度却很低？其实答案就在预期值和可能达到那预期值的几率之间的相互关系。17 世纪法国大数学家费马（Pierre de Fermat）和帕斯卡（Blaise Pascal）就为快乐定出一个数学公式：行动的价值可以用你得到想得到的那件事的几率，和你得到之后会喜欢它的几率之间的函数关系来表达。说得白一点，就是比对对象的预估值和得到这些对象的几率之间的关系。再说得更白一点，就是古人的一句话：知足常乐！

买或不买，那就是脑的问题所在！

fMRI 的测量，把人的"需求"和"欲望"区分开，又把"所得"和"失落"表现在脑的不同部位上，这使得我们对心智的描绘，由外围走向内轴，一层又一层体会演化的进展方向。

我的生活一向简单，每天上下班，公务繁忙占据了我大多数时间，一有空就回到实验室，和同事及研究生谈他们正在进行的研究工作。每周两晚尽量挪出时间去打一两个小时的羽球；偶尔进戏院看场电影就算很奢侈了。闲逛购物中心是从来没有的事，超级市场也很难看到我的身影，最多在出差时钻进传统市场，感受一下当地的文化民情。叫不出名牌，也不懂时尚，我彻彻底底是位购物欲很低的科学研究者！也因此，我常不能理解百货公司里为什么会有那么多人？尤其到了周年庆或换季拍卖，那些疯狂的买家在一阵摩肩接踵后胜出，右手抱着一大包、左手还拎着几小包的战利品，然后大叹房子太小了，无立锥之地，事后又后悔为家里囤积了一大堆用不上的各种物品。真是所为何来？

经济学家很早就注意到消费者的非理性行为，心理学研究也从行为的实验结果中看到了理性的决策和非理性决策的区别，而后者才是主导人们生活的隐含性机制。诺贝尔经济学奖得主卡尼曼（Daniel Kahneman）很早以前就观察到人们在信息不足的情况下所做的决策，很少是经由理性的算则而定；相反的，绝大多数决定来自于所谓"启发性"（heuristics）的直觉反应。

例如，赌铜币上抛落下会是哪一面朝上时，如果出现的次序是 H、T、H、H、H、H……或 H、T、H、H、T、H……两种情况，人们会直觉地以为后者是比较随机的一串，而不会去赌下一次出现的一定是 T；但很多人看到了前一串排列，就很有信心地以为下一个出现的非 T 不可。殊不知铜币每一次落下，出现 T 和 H 的几率是均等的，都是 50% 比 50%。但多少倾家荡产的赌徒不是经常犯这个毛病？难道他们真地以为那个铜币是有记忆的，会记住它之前的行为？卡尼曼认为类似这样非理性的决策机制，主导了人们的日常生活，所以才会颠覆传统的经济学理论。

近年来，由于高科技仪器的发展与应用，认知心理学家结合了经济学者和神经科学家，以功能性磁共振造影（fMRI）技术去探讨消费者在看到各种商品时喜不喜欢、要不要买、要杀价到何种程度、买到以后开不开心等这些瞬间，他们脑部的反应为何？

研究者设计控制适切的实验，然后测量受试者在消费行为的各个不同决策过程中，脑的各部位因事件处理而导致血氧浓度（blood oxygen level dependent）产生变化的情形。从不同部位的脑神经活化程度，再推测出消费者在做不同的消费决策时，会动用到哪些认知功能！

　　美国斯坦福大学的一群跨领域研究者据此设计了一系列的实验。其中有一个实验是让受试者躺在 fMRI 仪器室里的长形小床上，头架在扫描器的圆洞里，眼睛张开看着前方一个小屏幕。等受试者安顿好，情绪也都平稳之后，屏幕上首先会呈现一个又一个受试者可以购买的商品，如 DVD、书、游戏光盘、手机、一些小小的电子配件等等。待受试者看过一遍之后，屏幕上会再次出现商品，同时也标示出价格，受试者就要决定买或不买。在这些实验的过程中，脑的扫描器一直在收取讯号，而且可以区分出三个不同阶段的讯号，包括商品呈现、价格标示，以及决定要不要买。

　　研究者利用测量血氧浓度反映在脑各部位活化的程度，经过计算机计算统计后，很快就可以在脑图中显出活化的影像，结果显示出当受试者喜欢、想要购买某件商品时，脑的伏隔核（nucleus accumbens）部位的血氧浓度增加，这个地方和多巴胺的接受有关，反映的是受试者的欲望。等到价格一出现，血流活跃的地方转到内侧前额叶皮质（medial prefrontal cortex），这里是人们作价值判断、设定目标及启动执行的功能区。有趣的是，如果受试者想要一件商品，但因价格太贵而决定不买了，脑岛（insula）部位就忽然活跃起来了，这区域一向反映的是负面的情绪，也就是说受试者想买却买不起，就出现失落的情怀了！

进一步的实验可以更复杂一些，除了商品呈现及价格标示，在决定买或不买之际，也可以安排让受试者"讨价还价"后再作决定。结果更有趣了，当受试者杀价成功的瞬间，伏隔核部位的活动量大为增加，快乐的情绪也会使他们在别的不相干作业上成绩更为提升。这个结果和先前加州理工学院所做的一个研究有异曲同工之处。学生们在 fMRI 的实验中去品尝加州出产的红酒，一瓶的价格标示五美元，另一瓶的标示为四十五美元。但其实两瓶红酒完全一样。实验结果显示，当受试者自以为喝到了比较贵的酒时，他们感觉快乐多了，也反映在脑神经的反应上，因为另外一区掌管快乐情绪的大脑皮层额叶中区（medial orbitofrontal cortex）部位也显示出血流量大为增加！

这些探讨消费者行为与大脑关系的实验，虽然都还在起步的阶段，但是利用 fMRI 的测量，能把人的"需求"和"欲望"区分开，又把"所得"和"失落"表现在脑的不同部位上，绝对是项

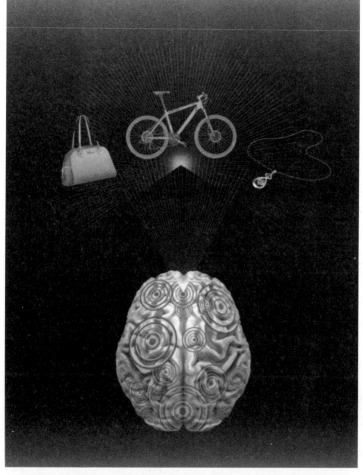

　　认知心理学家结合了经济学者和神经科学家，以功能性磁共振造影技术去探讨消费者在看到各种商品时，喜不喜欢、要不要买、要杀价到何种程度、买到以后开不开心等这些瞬间，他们脑部的反应为何？图片来源：姚裕评

很重要的成就。这使得我们对心智的描绘由外围走向内轴，一层又一层地让我们体会演化的进展方向。我们其实已经渐渐走进马斯洛（Maslow）的动机金字塔，从最底层的基本需求到最高层的自我实现境界，慢慢都可以揭开内在的神秘面纱了！

看情形，我必须常常去橱窗血拼（window shopping）了，因为在那里我才能捕捉人性的本质，回到实验室看脑的时候，也有更多生命的感受。同时，对我的老朋友买了一堆新颖的电子产品却不会使用，将更能体谅，尤其下次看到我的球友杀价成功时的兴奋，也会对他说："我懂了！"

陌生的一、二、三、四、五……

> 人类天赋有"数"的心理量表，重要的是那个量表不是
> 线性的确切数值，而是对数形式的比例关系。

史坦·狄昂（Stanislas Dehaene）是法国法兰西学院一位相
当年轻但成就已非凡的研究明星。1985 年，我第一次看到他时，
他还是个研究生，和我一齐在巴黎近郊一座非常古老的皇陵庄
园，参加一个学术研讨会。那是一个不对外开放的小型研讨会，
邀请 30 位左右当时在认知神经科学领域的先驱研究者聚在一起，
检视这个新兴领域的进展，并规划下 5 年的重点推动方向。我负
责的研究领域是语言与脑神经功能的对应关系，而大会请来帮我
整理资料、综合讨论意见，并提出未来前瞻观点的助手，就是这
一位博士学位都还没有拿到的年轻小伙子。他英文非常流利，一
脸聪明相，说起学问，知识丰富、见解深刻，而谈起实验，则是
热情洋溢、感染力很强。那时，我们白天全神贯注在会议中，会
后在园中游逛，在千年古教堂的地下墓道中探险，谈天论地，说
文明，想文化，我对这位巴黎的小学者欣赏得不得了。

大会主席梅勒（Jacques Mehler）把他这个得意门生介绍给我的时候，开玩笑地说："他像是一颗正在上升的小星星。"我和狄昂几天的相处后，完全同意梅勒的看法。在大会结束前的检讨会上，我发言感谢狄昂的帮助，并预言不久的将来，他会是一颗闪亮的明星。我的预言真的很准，狄昂在 1989 年拿到博士，而且在博士前、博士后做出好多精彩的实验，揭发了许多脑中的奥秘，尤其发现并证实脑里顶叶内侧沟（intraparietal sulcus）的数字认知功能，对人类在演化历史的理解上，做出非常重要的贡献。2005 年他被选上法国科学院的院士，我写了封 e-mail 给他，向他道贺："日正当中，照亮你我大脑的每一条神经，反映了人类计算的文明。"

为什么狄昂会对脑如何处理数字的问题那么有兴趣？这还是要追溯到我们初次见面的那个会议上。我当时在整理文字阅读在脑中运作机制的研究，得到的结果是不同的文字系统并不会影响阅读的脑神经回路，所以提出了 "One brain for all language"（所有不同的语文系统都来自同样一个脑）的普遍性原则。根据这个原则，我们可以推断，不管是什么语言与文字系统，如果有因脑不正常发展而导致先天性失读症，其在人口所占的比例应该都是一样的（我的说法后来也被证实是对的，这个比例大多在

5%～7%）。狄昂刚好有一位从小一起长大的朋友，说话流利，人也聪明，也能读书，但是对简单数字的计算就一筹莫展。狄昂马上想到，他这位朋友会不会也和失读症一样都是脑中某一特定病变所引起的，只是受伤的部位和脑里负责文字的神经回路不一样，而是在另一个特定地点？他决心把这个部位找出来！

在神经医学的文献里，确实有一种病症就叫作"误算症"（dyscalculics），但以前的研究者只把它当作一个特例而不重视。如果狄昂的想法是正确的，则因脑中病变所产生的误算症，在各国人口的比例中应该也会是一致的。狄昂以一套设计好的"认数及简单运算"测验，大规模地去筛选有"算术障碍"（mathematical disorder）的小学生，发现各国的比例都差不多在5%左右，而且是不分文明较先进或落后的国家。换句话说，不管教育的设施与环境是好是坏，总有5%的学生看到1、2、3、4、5……或一、二、三、四、五……（在中国，或日本）感到陌生，而且教也教不会！

真的有这种人吗？如果他们先天上对数字的感知就有缺陷，那要如何生活在现代的工商业文明里？这就牵涉到一个核心的问题了：他们如何辨识数量的大小呢？我们如果让患有误算症的人看两棵芒果树，一棵的芒果长得多，一棵少一点，他们当然知道哪一棵多，哪一棵少。但是要他们用语言表达出不同程度的数量，他们就支支吾吾，不知如何作答。也就是说，他们脑海里也许有数量多寡的排列表征，但没有能力对应到语言的特定符号上。那么，数的感知应该是天生的，而正确去对应符号才是要后天学习的。但如何去证实这两个历程是互相独立，分别由两个不同的脑神经区来负责的？

在 20 世纪 90 年代初期，发展心理学的研究者开始把研究的对象由幼儿往下拉到婴儿期，他们利用婴儿的眼光对新奇事物会凝视较长的测量技术，去研究新生婴儿的认知能力，其中有许多令人惊奇的发现。例如五个月大的婴儿就有能力分辨一、二、三个不同数量的具体物件，证据来自美国耶鲁大学心理系温恩（Karen Wynn）教授一系列非常有趣的实验。研究人员让婴儿看着正前方的一块木板，然后有一个或二个或三个洋娃娃由木板的这一侧进入木板的后方，又从另一侧出现。结果发现，在一、二、三个范围内进去的洋娃娃数和出来的洋娃娃数如果不一致，婴儿的眼光就会注视着出口很久。进去多，出来少，会凝视很久；进去少，出来多，也会凝视很久，表示他们是可以分辨一、二、三的数量。但超过四到五，他们就无能为力了。这个结果也表示数量的概念是不必后天再去教的，而是生下来就有的。

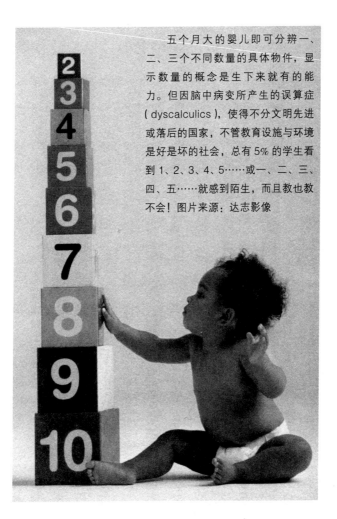

五个月大的婴儿即可分辨一、二、三个不同数量的具体物件，显示数量的概念是生下来就有的能力。但因脑中病变所产生的误算症（dyscalculics），使得不分文明先进或落后的国家，不管教育设施与环境是好是坏的社会，总有5%的学生看到1、2、3、4、5……或一、二、三、四、五……就感到陌生，而且教也教不会！图片来源：达志影像在英国的另一组研究员，也用另一种方法来证实"简单的数的概念"是不受后天学习因素影响的。他们到澳洲去测试两个不同原住民族群里四到七岁的小孩。这两个原住民族语言中所使用的数量相关词汇非常少，如果后天的语言学习会影响对数字的认知，那么这两个族群的小孩和澳洲墨尔本的小孩（当作控制组）比起来，在数数的作业上就应该有差别。但结果显示，实验组和控制组的小孩在数量认知和运算上并没有差别，支持了数感天赋论的看法。

这个实验结果并不是很令人满意，因为研究者以"作业成绩没有差别"去支持"没有后天环境影响"的理论，只是根基在支持一个统计上的虚无假设（null hypothesis），但它的构思和方法却触发了狄昂和研究伙伴的灵感。他们选择了南美洲亚马孙河旁的原住民作为实验对象，因为在这一群以打猎为生的孟杜鲁古（Mundurucü）原住民的语言里，只有从一到五的数量语词。根据数感天赋的理论，这些人在数数的作业上，应该和澳洲那两个原住民族群的小孩一样，都不会受到后天语言学习的影响。狄昂的研究发现，这一族群的小孩在五的数量下做加和减的运算，并不输给城市里控制组的小孩。这当然更强化了"虚无假设"的推论，也好像再次找到支持数感天赋论的证据。

但狄昂和他的同事对这个"支持虚无假设"的结果仍然不满意，他们就设计了另一个实验，让这群原住民小孩看一张图。图中有一条横线，横线上的最左边是一个黑点，最右边是十个排成直线的黑点，中间则平均间隔排列着由左到右、从两点到九点。然后给小孩不同数量的珠子，要他们分别摆在另一张白纸的横线上。很有趣的事情发生了：城市里的小孩如果拿到五个珠子，就很自然地摆在横线的中间，但原住民的小孩却不会这样做，而是摆到接近最右边的地方。研究者终于找到作业上的显著差异，不再支持虚无假设了！

　　如果仔细去观察这些原住民小孩如何分配由一到十个珠子的相对位置，则可以得出一个很有趣的结论，他们认知上以为五是一的五倍，而十是五的两倍，因此五和一的距离很远，而五和十的距离很近。他们心中确实有数的心理量表，重要的是那个量表不是线性的确切数值，而是对数形式的比例关系。这个实验结果一方面证实了数感的天赋论，另一方面也证实了语言确实也会改变数值之间的对应关系，真是个令人激赏的研究，因为它让科学的知识更往上进入另一个境界。

　　看了上述的研究结果，另一个推论也自然而生了，即不同部位的脑伤会造成两种不同的误算症：一种是对数量完全陌生；另一种是对数量的变化似曾相识，但当患者要用语言去表达时，却总是对应不起来。近年来，神经医学果然证实了这两个次类型误算症的存在！

也许你该做一个简单的实验，问一位讲英文的外国人："现在是 February，距离你的生日有多久？"也用同样的问题问一位讲中文的人："现在是二月，距离你的生日有多久？"记录他们回答所花的时间。假如这两位的生日都在同一个月，则中文回答的速度一定快过用英文回答的人！为什么？你想想看！

人鼠之间

科学家抽丝剥茧，找寻人类语言演化的起点，过程精彩曲折。其实，大部分重要的科学发现，都有如侦探小说，好看得很！

走出电梯，一只瘦小老鼠沿着墙角蹑手蹑脚快步行经我眼前，邻居的门大开，一对小兄妹跟在妈妈背后尖声助阵，我飞快让开，老鼠这会儿已不见踪影。"你也怕老鼠吗？"老实说，我是怕的，而且我相信很多人也都跟我一样患有惧鼠症。记得小时候在乡下，只要有一只老鼠出现，就全家出动，防堵的防堵，掏洞的掏洞，当然家里也马上变成捕鼠户，捕鼠器在前，捕鼠笼在后，围得水泄不通，有时更把隔壁人家的大猫借过来压阵。总之就是非捉到它不可，否则大家寝食难安，每天都得担心它又在哪里鼠头鼠脑，到处糟蹋食物。唉呀！老鼠就是那么令人讨厌害怕！怪不得过街的老鼠人人喊打，乡下和城市皆然。不过迪斯尼的米老鼠倒是大人小孩的最爱，瞧，小兄妹身上穿的就是米老鼠 T 恤。

我故意问他们："那你们怕不怕米老鼠？"他们齐声回说：

"才不会，米老鼠好可爱喔！"说完还好奇的盯我两眼，好像我是哪来的怪物。我又问："那你们也喜欢家里的老鼠吗？"他们叫了起来；"我们家不能有老鼠，爸爸妈妈现在就是在抓老鼠啊！"我假装板起脸，正经地说："你们不是说米老鼠很可爱吗？家里的老鼠不是'米奇'老鼠的亲戚吗？为什么要捉起来，难道它们就不可爱了吗？"他们有点生气地提醒我："米老鼠会说话！"

我赶忙把两兄妹拦住，说："那可不一定，'料理鼠王'不会说人话，还是人见人爱啊！而且在'汤姆与杰利'（Tom and Jerry）卡通节目中，杰利老鼠从来不会说话，但它戏弄汤姆猫的机智与幽默，不也很讨人喜欢吗？"两兄妹想了一下，对看一眼，哥哥索性跑掉，不再理我；妹妹心软，安慰我说："那些都是卡通啦！"然后慢慢走开了。

这场对话很有趣，因为它让我想起最近人类语言演化研究中最夯的一个话题。如果科学家把可能和人类语言演化有关的基因，转殖到老鼠身上，那么这些老鼠的发展，会有哪些"人性化"的表现？这不是异想天开的科幻小说情节，而是德国莱比锡的科学家刚刚完成的一系列实验。结果虽然不是那么令人惊心动魄，但这些"人化"（humanized）的幼鼠所产生的生理和行为变化，确实对人类语言演化学说的建立，有很多启发性的引导作用。然而，这个与语言相关的基因是如何被发现的？

让我们把场景拉到 1990 年《自然》杂志所报道的一个英国家族（称为 KE）里。从这个家族三代的医疗记录中，可以看出将近一半的家族成员都患有一些相同的行为缺失，最明显的是说话非常不清楚，有的成员因为这种严重的语言障碍，甚至必须从小就学用手势语来辅助他们与别人的沟通交流。他们的智商稍低，脸部的动作协调不良（尤其是口腔附近的肌肉骨骼滑动不顺畅，造成发音不准确），而且句子的文法常常犯错。这一点就让有些较沉不住气的语言学家误以为找到了人类掌握语法的特定遗传因素，再透过当时媒体的夸大喧嚷，语法基因的错误概念已经深入大众（包括学者）的心里了。这个迷思在 1995 年一篇研究报告中被矫正过来，因为仔细检查这些行为缺失，语法有错只是其中一小部分而已。

虽然给 KE 家族带来遗传缺陷的不是文法特定（grammar specific）基因，但因这个基因如果出现变化，所带来的各种缺失都和语言的运作有关，所以在 1998 年的一项研究中，研究者比对 KE 家族里有语言缺失和没有语言缺失两组成员的基因序列，发现出现变异的基因坐落在第七对染色体的 7q31 这一小段上，并将它命名为 SPCH1 基因。2001 年，另一组研究者把焦点持续锁定在 7q31，更确定说话不清楚的成员在同一个基因上都有突变的现象；同时，他们在 KE 家族之外，也找到另一个英国男孩（称为 CS）。CS 男孩同样在这个基因上有缺陷，而他的语言行为的缺失，也和 KE 家族成员相类似。至此，尘埃落定，科学家确定这个单一基因（称之为 FOXP2）就是引起语言缺失的元凶了！

这像不像是一个抽丝剥茧的侦探故事？其实，大部分精彩的科学发现，都有如侦探小说，好看得很呢！找到语言相关的基因 FOXP2，科学家就可以进行前面提过的实验了。德国莱比锡马克士普朗克演化人类学研究所（Max Planck Institute for Evolutionary Anthropology）的艾纳德（Wolfgang Enard）和他的同事，长期研究 FOXP2 的演化历程，也发表过非常重要的相关研究，所以他们才有能力以最先进的基因转殖技术，培育出拥有人类 FOXP2 的小老鼠。实验一开始，他们其实也没有预期会有哪些重大的发现，因为在老鼠身上转殖这么一个基因，其结果也许是根本不起作用。果然，这些"人化"的老鼠和一般正常的老鼠看来并没有什么两样：一样可以交配生殖，也在相当的年纪老化死亡！

但是，研究者仍可从外在观察到显而易见的差异。一般的老鼠生下小老鼠后，如果离开初生幼鼠的视野，幼鼠会发出吱吱的哀鸣，但"人化"的幼鼠在母鼠离开时，叫的声音变了，不再像一般幼鼠超音波似的尖叫声，而转为较低沉的声音。这让你联想到什么吗？且慢，且慢！不要以为这是人类演化最原始的声音，因为人类发音的方式和老鼠截然不同，是由鼻腔、口腔，加上喉腔的协调而发音，所以千万不要跳跃太快，过度联想了。

如果仔细比较它们脑的结构和功能，"人化"老鼠就展现出有趣的不同点了。最明显的变化是基底核（basal ganglia）里的神经细胞树突较长，而激发时增强和减弱的调控比较有效，使得突触形成更强的可塑性，也就是说，和一般老鼠比起来，"人化"老鼠的学习和记忆功能有显著的进步。研究者猜想，FOXP2 基因可能经由基底核的调控进而建构了整个说话的回路，包括肺、喉头、舌头，和上下嘴唇的运动协调。这个想法很有趣，也让我想起了三十万至五十万年前，人类的喉头往下掉，空出喉腔，才能使三腔合作，让语音发生更多变异的演化事件，否则空有对学习更有效的基底核，在推进语言演化的作用上，也是无能为力的。

德国科学家成功把人类的 FOXP2 基因转殖在老鼠身上，实验的结果让我们看到一些迹象，引导我们对人类语言演化的想象。远古人类不但要演化出更好的学习与记忆能力，也必须发展出一个协调机制，有效整合和发音有关的不同身体部位的动作，这需要很精确的时间计算，来安排各部位启动的先后次序。二十几年前，我和王士元院士合写了一篇论文，强调"脑的时间掌控"在语言运作的重要性，肯定它在语言演化上所扮演的最主要角色。德国实验室培育的这些"人化"老鼠，在时间掌控能力上也确实比一般老鼠好得多，证实了我们二十多年前的推论。但我们更要说清楚的事实是，人类的语言不只是发出正确的音而已，最重要的是如何把抽象的意念转化成要发出的一连串语音，那才是人之所以为人的关键所在。

没有经历过人类演化的各项生理与环境的互动，老鼠要走向"说人话"的可能性微乎其微。米老鼠会说人话？还早！还早！大概永远不可能！

短期记忆的长期效应

找校友募款，就要在他上次捐款之后，常常提醒，让他感到距离上次捐款已是很久以前的事了；如果之间不提醒，他就会以为，不是才捐过，怎么又来了?!

一位博士班一年级的学生手捧着一本厚厚的看起来还很新的英文书，走进我的研究室，兴奋地说："老师，我在亚马逊（Amazon.com）订的书刚到，你的名字在里面被提了好几次，作者尤其对你发表在 1973 年的一篇研究论文，赞不绝口！"我好奇地把他手上的新书拿过来，原来是英国剑桥大学退休教授贝德理（Allan Baddeley）所写的一本谈人类记忆的书。这最新的版本把近半个世纪的人类记忆研究做了很完整的综合论述，其中一章针对"工作记忆"的发现过程有很详细的说明，他所引用的我那篇论文，指出当年学者把记忆分成短期记忆与长期记忆的迷思大错特错。我的实验结果展示了所谓"短期"记忆的"长期"效应，证实记忆的历程是单一的，实在不必要硬分成两个部件结构，这篇论文改变了记忆理论的建构方向，数十年来一再被引用。

这位学生兴奋之余，问了一个有趣的问题："老师，你当年怎么想到要去做那个实验呢？"我那年轻时代的记忆一下子就被引了出来。"为了挑战教科书上的一张图表！"我接着说："因为当时解释那张图表的理论就是短、长期记忆的'部件结构论'，而那个解释和我的生活经验是不吻合的。"

我看他一脸兴奋转为不解，就从书架上找到一本最有名的心理学导论，翻到记忆那一章，找到那张展示序列位置记忆的图表，对他说："这张图是一个记忆研究的结果，实验先让受试学生看完一个又一个不相关的词，在看完第二十个词后，马上要受试学生写出刚刚看过的那些词，想到就写，不要管出现的先后顺序。结果呢？当然不可能二十个词都记得住，有一部分忘了。但有趣的是，最后出现的词记得最好（因为刚看过，仍很新鲜），然后是最先出现的词次之，而中间出现的词就记得很差了。这就是到现在为止每本教科书都会有的序列位置的记忆效应，因为这效应非常稳固，很容易就可以被重复。

"但这个呈现 U 字型的曲线，也很容易被改变；只要在出现第20个词之后，不让受试学生马上做回忆，而让他们去做很简单的数字加、减、乘、除作业，30 秒之后再让他们去回忆那些词。结果是最早出现的词仍然记得不错，中间的词像前一个实验一样记得不好，而最令人吃惊的是最后出现的词的记忆就很差很差，几乎是全忘了，整个序列位置的曲线就变成 L 字型了。当年对这两条不同曲线的解释是最先出现和中间出现的词都进了长期记忆，所以即使延宕之后再回忆，也不会有变化；但最后出现的词，被放入短期记忆，所以一呼即出，如果回忆的时间延宕了，短期记忆就没有东西，受试者当然也写不出东西了！这就叫作'消失的时近效应'（absence of the recency effect）。"

我看这位学生一直点头，表示他是懂的，就再进一步说明："我当时还在念博士，对这样的解释，也认为很有道理，但我总觉得这'消失的时近效应'和生活经验实在有所矛盾！开车的人都有这样的经验，车子每天停在停车场不同的位置，但我们对最近一次停车位置的记忆是不会那么差的，即使下班时距离停车时已经'延宕'一整天了。我当时就为这个矛盾烦恼了好一阵子。

"有一天半夜，我从实验室走回宿舍，外面大风大雪，我撑着伞，一路背着风雪倒退行走，眼前但见来时路的脚印，在路灯下被雪覆盖过去，我忽然想到，那'消失的时近效应'是否也只是被盖过去，并没有真正消失？我的问题是找出一个方法去挽救那些被隐藏起来的最后出现的词的记忆！

"这个异想天开的念头一动，我就整晚睡不着觉，好不容易等到天亮，回到实验室，埋头设计实验，找来受试学生，重复教科书上所叙述的实验，但转了一个弯，也就是在延迟回忆的那一刻，我'提醒'受试者：要从最后出现的词开始回忆起。实验结果显示，这个简单的提示，居然把消失的 U 字型尾巴给恢复了一半。但即使只是恢复一半，已足以证实短期记忆在延迟一段时间后，就全被净空的说法是不正确的！

"但单一的实验证据是很薄弱的，不可能推翻一个已经根深蒂固的理论。我要使实验室的记忆实验，更像是生活经验的记忆作业。在实验室里，一个词紧跟着一个词出现，中间没有其他事件，在生活中是不存在的。我们每次停车和上一次停车之间，一定有很多事情发生，所以要模拟生活的情境，必须在呈现一个词之后，就让受试者做一些数学作业，然后再呈现一个词，再做数学作业，再一个词……等到第二十个词之后，再做三十秒的数学作业，最后做回忆的工作。根据短期记忆的理论，受试者每看一个词，就去做数学作业，短期记忆就被清掉了，所以在最后回忆作业时，应该是脑袋空空，什么也不记得！

"实验结果当然不是如此，受试者的记忆成绩是差了一点，但回忆的序列位置曲线却是一个完完整整的 U 型图，这就是所谓延迟作业中短期记忆的长期效应，也就是说，这个曲线才是符合人

"有一天半夜，我从实验室走回宿舍，外面大风大雪，我撑着伞，一路背着风雪倒退行走，眼前但见来时路的脚印，在路灯下被雪覆盖过去，我忽然想到，那'消失的时近效应'是否也只是被盖过去，并没有真正消失？"

图片来源：达志影像

类生活经验的记忆曲线！"

　　我一口气把几十年前发生的事完整说了一遍，这位学生一脸严肃，好像有闻道得道的态势，我乘机加持一把："你再想想看，生活中有很多类似的例子，某一事件发生与后来回想起来时，若中间有很多很多相关事件产生，我们会感觉那事件发生在很久很久以前，但若中间发生很少很少的相关事件，我们回想时，就感觉好像是前不久才发生过的事。这些插入事件的多寡，会影响我们对同一事件的时间感哩！"

　　学生有听懂哦！他紧接着说："老师，那我们找校友募款，就要在他上次捐款之后，常常写信提醒，他就会感到上次捐款是很久以前的事了；如果之间不提醒，他就会以为，不是才捐过，怎么又来了！对不对？"真是孺子可教焉！

真情或假意？天不知，地不知，脑知！

男欢女爱的极致，是要和对方身心合一；两情相悦的定义，就是能把对方的喜怒哀乐纳入自己的脑海，产生感同身受的共鸣。

男欢女爱，是自然界的规律，是生物为了求得使构成"自己"的基本元素（所谓基因）能够代代相传所演化出的两性共存策略。在这个策略下所衍生的男女互动行为，形成多彩多姿的表现，有歌（谁唱得最动人心弦）、有舞（谁跳得最美妙）、有语（谁说得最能引起共鸣）、有文（谁写出了最令人琅琅上口的诗词歌谣）、有勇（谁强壮如山，能保家卫乡）、有智（谁最有学问，足智多谋解危机）、有仁（谁心地最善良，会照顾别人）；当然有一种表现也是很吸引异性的，叫有趣（谁最有幽默感，最富表情，最会逗人笑）。这种种表现就是为了要完成一件事，即互为连理，以达传宗接代的目的！

自远古以来，自然界发展出许许多多不同的求偶方式，以保证两性相吸、相惜、相亲、相爱，得以共同抚育下一代。但随着社会发展人口增加，组织架构越来越复杂，各种人为的干预，如身份、地位、贫富、贵贱，加上族群的恩怨和家族间的世仇，都会使自自然然的一见钟情，无法得到终成眷属的结局。历史上多少男女双方一往情深，却因种种社会桎梏而不得正果，所酿成的悲剧遂成为美丽哀怨的传说，为后人所感叹。西方世界的罗密欧与茱丽叶，以及我们所熟悉的梁山伯与祝英台，不都是同样的戏码，套上不同的国情风貌而已！

爱情的游戏，骨子里都是性的追逐，但游戏的载具随着科技文明的进步，男女间的交往也涌现了许多新型的追求方式。最引人注目的当然是网络上的交往现象了。前几年汤姆·汉克斯（Tom Hanks）和梅格·莱恩（Meg Ryan）这一对影坛佳偶继《西雅图夜未眠》的成功演出之后，又合演了一部网络爱情电影，以 "You've Got Mail"（《电子情书》）博得了大多数男女影迷的欢心，大破历年的票房纪录，预告了 e-courtship 的世代已经来临，就像 e-learning、e-commerce、e-travel 等等的 e-platform 早已无所不在了。

最近几年，形势又变了，部落格（Blog）、推特（Twitter）、噗浪（Plurk），还有脸书（Facebook）成为非常个人化的交际平台，现在流行的是"交往上网络，看人上脸书"的风尚了。很多年轻人上脸书去寻找他们的意中人，再透过"对话"平台，做较深入的试探，等相互了解到一个双方都"自我感觉良好"的时候，就相约会面、出游……然后以分手或婚纱结束！这交往之间，有一个和传统交往不太一样的地方，就是"我的选择"，即我拥有"自主"的择偶权是别人不能随便干涉的！

脸书传情，到底是好是坏？很难说得清楚。透过网络交往的情侣，结婚以后是佳偶对对，还是怨偶双双，也都还说不准，但网络爱情骗局层出不穷，也是事实。所以，想在网络上游走顺畅，有没有可能靠着科学的研究，去排除障碍呢？最近有好多研究社会新趋势的科学家，开始对网络上的爱情展开一系列的研究，想知道网络上结交异性朋友采取的是哪一种策略，是"你爱我有多深，我就反馈同等的爱意"，还是"你爱我多少无所谓，反正是虚拟世界的爱情，不论真情或假意，都照单全收了"？

这当然是个很有趣的问题，没有见过对方的爱情如何产生？以简讯所滋养的爱情，除了和不知名人士交往的神秘感之外，仍然会遵循着在真实世界中社会互动的原则吗？例如，在一般的社会互动行为中，反馈平衡原则是很普遍的。也就是说，喜欢我的人，我也会喜欢他；对我不在意，那我也不必对他好到哪里去；男女之间的情爱分量是相对的，你高我也高，你低我跟着低！那么在网络上的虚拟爱情，也会如出一辙吗？

美国维吉尼亚大学的一群社会科学家，就针对这样的问题设计了一个实验研究，来看看网络的爱情观和一般实体社会的爱情观是否会有不一样的结果。研究者选取了 47 位在脸书上设有个人档案的女生，等她们到达实验室时，告诉她们说，有其他大学的男生浏览过她们的脸书档案，并且依照喜爱程度给予评分，要她们也依感觉对这些男生做喜爱度的评量。

实验分成三个不同的情境。第一种情境是受试者看到一位男生的相片，然后被告知这名男生对她的喜爱评分很高；第二种情境是评分只有平均喜爱的程度而已；第三种情境比较特殊，受试者被告知的信息是这位男生的评分不很确定，因为记录不见了，好像很高，也可能只是平均而已。这些女生都经过两次的情绪评量作业，在不同的时间点去反思自己的情绪变化是正面还是负面的。此外，在实验结束时，她们又被要求去回忆前 15 分钟内，有多少次想到那些被评的男生。

实验的结果很好玩，对前面两种情境而言，虚拟世界的两性互动形态和一般实境完全一致，即"你喜欢我多一点，我也就回给你一样多的情意"，以及"你认为我"so-so"，我也把你看成不过如此"，确实支持了社会互动学里的反馈平衡原则。但第三种情况的结果就更有趣了，因为喜爱程度的评分数据显示，所有女生对不确定是否很喜欢她的男生都给了很高分的评价，并且也表示会常常想起他们。也就是说，不确定对方是否喜欢你，反而强化了对方的吸引力，这又符合博弈理论中"不确定状态会变得更令人倾心专注"的说法了。

看来爱情游戏中，若即若离的态度有时是有致命吸引力的。这也让我想起了以前看过的一部电影或广告，一位热恋中的女生手里拿着一朵多瓣的黄花，另一只手撕下一片花瓣，口中喃喃自语："他爱我！"又撕下一片花瓣，喃喃又语："他不爱我！"又撕一片："他爱我！"再一片："他不爱我！"如此到最后一瓣，如果是"他爱我！"则笑容满面，如果是"他不爱我！"则哭丧着脸，若有所失，好不凄然！既期待知道结果，又害怕得知结果，不确定状确是太引人入胜了！

但男欢女爱的极致，是要和对方身心合一；两情相悦的定义，其实就是能把对方的喜怒哀乐纳入自己的脑海，产生感同身受的共鸣。我们实验室的研究者利用镜像神经元的机制，设计了同理心的实验，展示了我们面对陌生人和亲密的人时，脑里的活动确实是大不相同的。当受试者看到有人拿锯子锯木棍，手握木棍的姿势不对时（见下页图），脑中的镜像神经元会有活化的现象，好像自己即将被锯到。利用这个现象，研究者做了第二个实

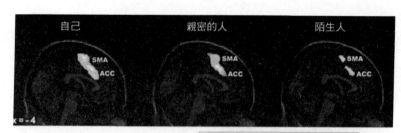

研究者利用镜像神经元的机制，设计了同理心的实验，当受试者看到有人拿锯子锯木棍，手握木棍的姿势不对时，脑中的镜像神经元会有活化的现象，好像自己即将被锯到。但当受试者被告知那只手是亲密的人或是陌生人，从脑的显影图则可显示出活化的程度真是亲疏有别！图片来源：曾志朗

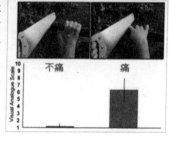

验，告诉受试者照片中那只手是亲密的人或是陌生人，从脑的显影图则可显示出这个活化的程度真是亲疏有别！有没有真爱，尽在脑中，不是吗？

想象未来的宅男宅女，关在斗室里，对着两三个计算机屏幕，浏览脸书，在网络上谈情说爱，头上戴着脑波感应器，忽然间脑波波动加大，眼前的计算机屏幕也跳出一串文字，写着"就是她（他）！就是她（他）！她（他）才是我的真命天女（子）！"赶紧送个信息过去："脑波代表我的心！知道我爱你有多深！我们见个面吧！"

图书在版编目（CIP）数据

我与科学共舞 ／ 曾志朗著.—杭州：浙江大学出
版社，2014.10
ISBN 978-7-308-13486-6

Ⅰ.①我… Ⅱ.①曾… Ⅲ.①科学知识－普及读物
Ⅳ.①Z228

中国版本图书馆CIP数据核字（2014）第149347号

本书的中文简体版由作者授权出版。
浙江省版权局著作权合同登记图字：11-2013-218

我与科学共舞

曾志朗 著

责任编辑	杨苏晓
营销编辑	李录遥
装帧设计	罗　洪
出版发行	浙江大学出版社
	（杭州天目山路148号　邮政编码310007）
	（网址：http://www.zjupress.com）
制　　版	北京大观世纪文化传媒有限公司
印　　刷	北京中科印刷有限公司
开　　本	880mm×1230mm　1/32
印　　张	6
字　　数	102千
版印次	2014年10月第1版　2014年10月第1次印刷
书　　号	ISBN 978-7-308-13486-6
定　　价	32.00元